सकारात्मक लोगों के लिए 10 शक्तिशाली वाक्य

सकारात्मक लोगों के लिए 10 शक्तिशाली वाक्य

रिच डेवॉस

अनुवादः डॉ. सुधीर दीक्षित, रजनी दीक्षित

MANJUL
मंजुल पब्लिशिंग हाउस

MANJUL
मंजुल पब्लिशिंग हाउस
कॉरपोरेट एवं संपादकीय कार्यालय
• द्वितीय तल, उषा प्रीत कॉम्प्लेक्स, 42 मालवीय नगर, भोपाल-462003
विक्रय एवं विपणन कार्यालय
• 7/32, अंसारी रोड, दरियागंज, नई दिल्ली-110002
वेबसाइट : www.manjulindia.com
वितरण केन्द्र
अहमदाबाद, बेंगलुरू, भोपाल, कोलकाता, चेन्नई,
हैदराबाद, मुम्बई, नई दिल्ली, पुणे

रिच डेवॉस द्वारा लिखित मूल अंग्रेजी पुस्तक
टेन पावरफुल फ्रेज़िज़ फ़ॉर पॉज़िटिव पीपल का हिन्दी अनुवाद

यह हिन्दी संस्करण 2009 में पहली बार प्रकाशित
चतुर्थ आवृत्ति 2018

यह संस्करण सेंटर स्ट्रीट, न्यू यॉर्क (यू एस ए) के सहयोग से प्रकाशित

ISBN 978-81-8322-141-2

हिन्दी अनुवाद : डॉ. सुधीर दीक्षित, रजनी दीक्षित

मुद्रण व जिल्दसाज़ी : मणिपाल टेक्नोलॉजीज़ लिमिटेड, मणिपाल

यह पुस्तक बिली ज़्योली को समर्पित है।

विषय सूची

प्रस्तावना

सन् 2006 में अपना 80वाँ जन्मदिन मनाते समय मैंने कहा था कि इतने सारे बरस जैसे "दस सेकंड में ही शून्य से अस्सी" तक पहुँच गए। अस्सी साल बहुत लंबा समय लगता है, जब तक कि आप उसे गुज़ार न चुके हों। लेकिन दरअसल महत्वपूर्ण यह नहीं है कि वक़्त कितनी जल्दी गुज़रता है; महत्वपूर्ण तो यह है कि हम ईश्वर द्वारा दिए गए बेशक़ीमती समय का कितनी समझदारी से उपयोग करते हैं।

आठ दशक बीतने के बाद मैं अपने कामकाज की गतिविधियों के बवंडर पर विचार कर सकता हूँ और जीवन में मिले इतने सारे वरदानों के लिए ईश्वर का शुक्रिया अदा कर सकता हूँ, जिन्हें कुछ लोग सिर्फ़ ख़ुशक़िस्मती कहना चाहेंगे। मैं उन बहुत महत्वपूर्ण गुणों को याद करता हूँ, जो ज़िंदगी भर मेरे साथ रहे हैं और इस बात पर हैरान होता हूँ कि ईश्वर की योजना में वे सभी आपस में जुड़े हुए थे।

मेरी परवरिश ऐसे घर में हुई, जहाँ भौतिक संपत्ति तो कम थी, लेकिन प्रेम बहुत ज़्यादा था। मेरा पालन-पोषण एक उत्साहवर्धक माहौल में हुआ, जिसमें मुझे यह सिखाया गया कि एक-दूसरे के प्रति प्रेम और ईश्वर में प्रबल आस्था से ज़्यादा मूल्यवान कुछ भी नहीं है। मुझे ईसाई घर, ईसाई चर्च और ईसाई स्कूल की शिक्षा का लाभ भी मिला। मेरी पत्नी हेलन और मेरे विवाह को पचास साल से ज़्यादा समय हो चुका है, हमने चार संतानों को पाल-पोसकर बड़ा किया और हमें उनके जीवनसाथियों तथा सोलह नाती-पोतों का वरदान मिला। मैंने प्रेमपूर्ण परिवार

के तोहफ़े को कभी हल्के में नहीं लिया। इसी वजह से मैं कभी अपनी पत्नी, बच्चों और नाती-पोतों को यह बताने से नहीं चूका कि वे मेरे लिए कितने महत्वपूर्ण हैं।

मेरे जीवन में एक और महत्वपूर्ण गुण ने अहम भूमिका निभाई है : सकारात्मक नज़रिया और दूसरों का उत्साह बढ़ाना। सकारात्मक बनना और दूसरों को भी सकारात्मक बनाना एक महत्वपूर्ण गुण है। इसके लिए सरल वाक्यों का इस्तेमाल कितना महत्वपूर्ण है, यह मैंने अपने बहुत ही प्यारे मित्र बिली ज़्योली में मूर्त रूप में देखा। हालाँकि मुझे वाक्यों की शक्ति की जानकारी पहले भी थी, लेकिन ज़्योली अविश्वसनीय स्पष्टता और प्रेरक तरीक़े से उनका इस्तेमाल करते थे। यह देखकर मैंने फ़ैसला किया कि मैं उन वाक्यों को कभी-कभार बोलने के बजाय उनका प्रयोग बार-बार करूँगा।

इस पुस्तक का उद्‌देश्य आपको कुछ शक्तिशाली सकारात्मक वाक्य बताना है। आपको इन वाक्यों को अपने दिमाग़ और शब्दावली में सबसे ऊपर रखना चाहिए। इनकी मदद से आप “जीवन को समृद्ध करने वाले” व्यक्ति बन सकते हैं - जो दूसरे लोगों को प्रोत्साहित करता है।

फ़ोर्ट लॉडरडेल, फ़्लोरिडा में कोरल रिज प्रेसबाइटेरियन चर्च के डॉ. डी. जेम्स केनेडी मुझसे कहा करते थे, “मैंने आप जैसा सकारात्मक इंसान आज तक नहीं देखा।” मैं इस बात के लिए कृतज्ञ था, क्योंकि मैं ऐसा ही बनने की कोशिश कर रहा था। और उन्हें अच्छी तरह एहसास था कि मैं उनका प्रशंसक हूँ, उन्हें सर्वश्रेष्ठ प्रदर्शन करने के लिए प्रोत्साहित कर रहा हूँ और उनके अच्छे काम को मान्यता दे रहा हूँ। देखिए, दरअसल यह काम ख़ास मुश्किल नहीं है। सकारात्मक व्यक्ति बनने का निर्णय कोई भी ले सकता है और हम सभी यह काम कर सकते हैं। अपना पहला भाषण देते वक़्त ही मैंने संकल्प कर लिया था कि मैं समाज और दुनिया में मौजूद गड़बड़ चीज़ों की तलाश नहीं करूँगा, बल्कि सिर्फ़ अच्छी और अद्‌भुत चीज़ों के बारे में बोलूँगा। मैं अपने श्रोताओं और अन्य लोगों के जीवन को समृद्ध करना चाहता था।

तो मैं वे वाक्य बता रहा हूँ, जो बिली ने मुझे ख़ास तौर पर बताए थे। कुछ वाक्य मैं अपनी तरफ़ से भी जोड़ रहा हूँ और उम्मीद करता हूँ कि आप भी अपनी

तरफ़ से कुछ वाक्य जोड़ लेंगे। मेरी सच्ची आशा यह है कि इन वाक्यों की मदद से आप सकारात्मक व्यक्ति बन जाएँगे और जीवन के बारे में बेहतर नज़रिया रखने में दूसरों की भी मदद करेंगे। अगर हम सभी ऐसा कर लेते हैं, तो मुझे सचमुच यक़ीन है कि हम अपने घर, समाज और संसार में एक नेक व सच्चा परिवर्तन ला सकते हैं।

यह पुस्तक पढ़ने के लिए धन्यवाद। सकारात्मक व्यक्ति बनने में आपकी दिलचस्पी से मुझे प्रोत्साहन मिला। इन वाक्यों को याद कर लें और इनका इस्तेमाल हर दिन करें। इनका इस्तेमाल उन लोगों के साथ करें, जो आपके लिए सबसे ज़्यादा मायने रखते हैं। इनमें से कुछ वाक्यों को कहना आपको मुश्किल लग सकता है, लेकिन फिर भी अभ्यास करते रहें। इनके फलस्वरूप आपको ऐसे पुरस्कार मिलेंगे, जिनकी आपने कल्पना भी नहीं की होगी। मुझे पूरा यक़ीन है कि हम सभी के पास ज़्यादा सकारात्मक समाज और विश्व बनाने में योगदान देने की शक्ति है। इसके लिए आपको शुभकामनाएँ।

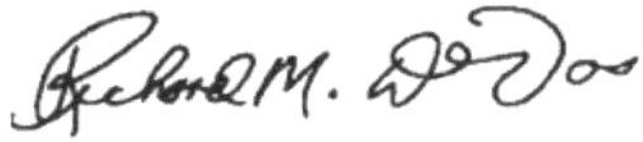

आभार

इस पुस्तक के लिए मैं बहुत से लोगों का आभारी हूँ, जिन्होंने मेरे जीवन पर सकारात्मक प्रभाव डाला, लेकिन मैं यहाँ विशेष धन्यवाद देना चाहता हूँ : मेरी पत्नी और हमेशा मौजूद सकारात्मक जीवनसाथी हेलन को, जिन्होंने इस प्रोजेक्ट में एक बहुत निपुण संपादक की भूमिका भी निभाई; मेरे बच्चों और उनके जीवनसाथियों - डिक और बेट्सी, डैन और पैम, बॉब और चेरी तथा डग और मारिया - को उनके स्थायी समर्थन के लिए; मार्क लॉंगस्ट्रीट को, जिन्होंने मेरे विचार इस पुस्तक के पन्नों तक पहुँचाने में मदद की; और किम ब्रूयन को, जिन्होंने मुझे यह पुस्तक लिखने के लिए लगातार प्रोत्साहित किया और शुरू से आख़िर तक मार्गदर्शन दिया।

भूमिका

सकारात्मक बनने की कला

सन् 2007 में मुझे सकारात्मक चिंतन के लिए *नॉर्मन विन्सेंट पील अवॉर्ड* से सम्मानित किया गया। जब 1940 के दशक के आख़िर में मेरे आजीवन मित्र तथा बिज़नेस पार्टनर जे वैन एन्डल और मैंने न्यूट्रिलाइट विटामिन बेचना शुरू किए, तो पील की *द पॉवर ऑफ़ पॉज़िटिव थिंकिंग* मेरे द्वारा पढ़ी जाने वाली शुरुआती पुस्तकों में से एक थी। हमने न्यूट्रिलाइट सेल्स कन्वेंशन्स में डॉ. पील के कुछ भाषण भी आयोजित किए और मैं उन्हें अच्छी तरह से जानने लगा।

शुरुआत में पील काफ़ी संकोची विद्यार्थी थे। कॉलेज के एक प्रोफ़ेसर ने उन्हें प्रेरित किया कि वे ख़ुद पर भरोसा करें और इस बात पर भी कि ईश्वर उनकी मदद करेगा। उन्होंने प्रार्थना की, यक़ीन किया और अंततः वे सकारात्मक चिंतन की अवधारणा के संस्थापक बन गए। उन्होंने एक बार कहा था कि उनकी ख़ुशी के कारण ही वे दुखी लोगों के लिए इतने ज़्यादा चिंतित थे। उन्हें यह बात परेशान करती थी कि दुखी लोग अपनी समूची रचनात्मकता का प्रयोग नहीं करते हैं और इससे समाज को कष्ट होता है। उन्होंने इस बारे में कुछ करने का फ़ैसला किया और अपने सकारात्मक विचार भाषणों व पुस्तकों में बताए।

द नॉर्मन विन्सेंट पील अवॉर्ड फ़ॉर पॉज़िटिव थिंकिंग से हर साल उन लोगों को नवाज़ा जाता है, "जिनका जीवन स्पष्टता और प्रेरकता से सकारात्मक सोच की शक्ति की मिसाल बन जाता है, जिसके साथ आस्था, लोगों की गहरी परवाह और हमारी दुनिया को बेहतर बनाने की समर्पित निष्ठा हो।" मैं नहीं जानता

कि मैं इस प्रशंसनीय वर्णन पर खरा उतरता हूँ या नहीं; बहरहाल, इतना ज़रूर जानता हूँ कि ये शब्द यह पुस्तक लिखने के मेरे लक्ष्यों से मेल खाते हैं।

जहाँ तक मुझे याद है, मैं हमेशा से काफ़ी सकारात्मक इंसान रहा हूँ। बड़ी मंदी के दौर में पलने के बावजूद मैं बचपन में काफ़ी ख़ुश था। मैंने ज़िंदगी भर दूसरों को प्रेरित करने की कोशिश की है कि वे ईश्वर के दिए गुणों और क्षमता का पूरा उपयोग करें। एमवे कॉर्प. का सह-संस्थापक होने के नाते मैं दुनिया भर में हज़ारों लोगों को प्रेरक संदेश दे चुका हूँ, जिन्हें मैं एमवे बिज़नेस में सपने साकार करते देखना चाहता था। मैं ऑरलैन्डो मैजिक एनबीए फ्रैंचाइज़ी का मालिक हूँ, लेकिन मैं दरअसल अपने खिलाड़ियों का चियरलीडर हूँ। मैं ग्रांड रैपिड्स, मिशिगन के अपने गृहनगर को न सिर्फ़ लगातार तरक़्क़ी और विकास करते हुए देखना चाहता हूँ, बल्कि इस दिशा में नेतृत्व भी करता हूँ।

मैंने यह सीखा है कि लीडरशिप और तरक़्क़ी के लिए सकारात्मक चिंतन व प्रोत्साहन अनिवार्य हैं। आप कंपनी के लीडर हों या अपने बच्चों के, आप पाएँगे कि सकारात्मक सोच काफ़ी संक्रामक होती है और परिवर्तन के लिए घनीभूत ईंधन भी।

मेरे पिता सकारात्मक थे, हालाँकि बड़ी मंदी के दौर में उनकी नौकरी छूट गई थी। उन्होंने मुझे हमेशा प्रोत्साहित किया। जे वैन एन्डल और मेरी सिर्फ़ एक ही हसरत थी कि हम अपना ख़ुद का बिज़नेस डालें और विपत्तियों की लंबी सूची के बावजूद अपने लक्ष्य पर अडिग रहे। एक बार हमने दो सौ सीटों वाला एक हॉल किराए पर लिया, जिसमें हम अपने न्यूट्रीशनल प्रोडक्ट्स के लिए डिस्ट्रिब्यूटर्स नियुक्त करने की प्रस्तुति देना चाहते थे। अफ़सोस! सिर्फ़ दो ही लोग आए! लेकिन इसके बावजूद हमने अपना नज़रिया सकारात्मक बनाए रखा और अंततः एक ऐसा बिज़नेस खड़ा कर लिया, जिसकी हमने कभी कल्पना भी नहीं की थी। लोग हमें कामयाबी के लिए बधाई देने लगे। बहरहाल, हमने पलटकर यह देखने में ज़्यादा समय नहीं गँवाया कि हम कितना कुछ हासिल कर चुके हैं। हमारा सारा समय तो यह योजना बनाने में ही गुज़र जाता था कि हम आगे क्या कर सकते हैं।

हालाँकि लोगों को शायद कभी-कभार भड़ास निकालने और बड़बड़ाने की ज़रूरत होती है, लेकिन वे आम तौर पर सकारात्मक व्यक्तियों और संदेशों की

ओर आकर्षित होते हैं। वे सकारात्मक प्रकाशपुंज नज़र आने वाले लीडर्स का अनुसरण करते हैं। मैंने अपने जीवन में खचाखच भरे स्टेडियम्स में श्रोतासमूहों को संबोधित किया है, लेकिन शुरुआत में मैंने चालीस अकाउंटेंट्स के समूह के सामने एक भाषण दिया। एमवे बिज़नेस के शुरुआती दिनों में मेरे एक कर्मचारी ने मुझे वहाँ भाषण देने के लिए आमंत्रित किया। मैं सोचने लगा कि मुझे भाषण में क्या कहना चाहिए। अंततः उसमें मैंने उन सारी सकारात्मक बातों का उल्लेख किया, जो हमारे बिज़नेस के शुरुआती विकास में हो रही थीं।

मैंने बहुत से ऐसे वक्ताओं को सुना है, जो दुनिया की ख़ामियाँ बताकर श्रोताओं के सामने अपने ज्ञान के झंडे गाड़ना चाहते हैं। इस तरह वे शोहरत और प्रतिष्ठा हासिल करने की फ़िराक़ में रहते हैं। उन्होंने एक ऐसी चीज़ खोज ली है, जिसके वे "विशेषज्ञ आलोचक" बन सकें। मैंने अपने श्रोता अकाउंटेंट्स को बताया कि आलोचना करने के बजाय मैं उन्हें इस देश की अच्छी चीज़ों के बारे में बताऊँगा।

उस भाषण के बाद मैंने दूसरे समूहों को भी अपना सकारात्मक संदेश दिया। मैंने इस तरह के जितने ज़्यादा भाषण दिए, उतने ही ज़्यादा लोगों ने प्रतिक्रिया की। हमारे इतिहास का वह ऐसा दौर था, जब लोग प्रजातंत्र को संदेह की दृष्टि से देखने लगे थे और समाजवाद को ही भविष्य मानने लगे थे। ऐसे मुश्किल वक़्त में मैंने उन सारी सकारात्मक बातों की ओर संकेत किया, जिनका आनंद हम स्वतंत्र अमेरिकी नागरिकों के रूप में लेते थे। जब मैं लगातार इस विषय पर बोलने लगा, तो लोग मेरे भाषण को बेहतर बनाने के लिए अपनी ओर से अतिरिक्त जानकारी देने लगे। एक दिन किसी ने मुझे अमेरिका और साम्यवादी सोवियत संघ के जीवन स्तरों के तुलनात्मक अध्ययन की सूची थमा दी। इस सूची से यह साफ़ साबित हो गया कि हमारे पास नकारात्मक के बजाय सकारात्मक होने के इतने सारे कारण क्यों थे। मैं अपने भाषणों में इस सूची का उल्लेख करने लगा और अमेरिकियों को यह याद दिलाने लगा कि हम कितने सौभाग्यशाली हैं। मैंने पाया कि श्रोताओं को यह सुनना अच्छा लगता था कि वे अपने जीवन और दूसरे लोगों में अच्छाई की तलाश करने की आदत कैसे और क्यों डाल सकते हैं।

कुछ अकाउंटेंट्स के सामने पहली बार दिया गया मेरा यह छोटा सा संदेश

बढ़ते-बढ़ते आगे चलकर "सेलिंग अमेरिका" बन गया। मैंने यह भाषण अंततः देश भर में हज़ारों लोगों के सामने दिया। बाद में इसे रिकॉर्ड किया गया और इसे फ्रीडम्स फ़ाउंडेशन ने आर्थिक शिक्षा के लिए अलेक्ज़ेंडर हैमिल्टन अवॉर्ड भी दिया। मैंने पाया कि मैं सकारात्मक बनने के बारे में जितना ज़्यादा बोलता था, उतने ही ज़्यादा लोग मेरी बात सुनना चाहते थे।

शायद लोग सकारात्मक ख़बरों के भूखे थे, क्योंकि दुनिया आम तौर पर नकारात्मक ख़बरों से भरी होती है। किसी भी अख़बार में संपादक के नाम पत्र पढ़ लें। मीनमेख निकालना या दोष खोजना आसान होता है। संभवतः यह इंसान की सहज प्रवृत्ति है। शायद ऐसा इसलिए है, क्योंकि हमें संदेहवादी होना सिखाया गया है। हम जानते हैं कि अगर कोई चीज़ इतनी अच्छी दिख रही है कि सच नहीं हो सकती, तो शायद यह सच नहीं है।

मुझे उम्मीद है कि यह पुस्तक पढ़ने के बाद लोग सकारात्मक चीज़ों की तलाश करने के लिए प्रोत्साहित होंगे। इसमें थोड़ी ऊर्जा और प्रशिक्षण की ज़रूरत हो सकती है, लेकिन यह कोशिश करने वाले व्यक्ति को अपनी और दूसरों की मदद करने के क्षेत्र में बहुत से पुरस्कार मिलेंगे। सकारात्मक नज़रिया एक चुनाव है। यह वैसा ही है, जिस तरह दिक़्क़त से बचने के लिए सड़क के दूसरी ओर पैदल चलना। या फिर ग़लत दिशा में जाने का एहसास होने पर अपनी दिशा बदल लेना।

जब हम सकारात्मक बनने का विकल्प चुन लेते हैं, तो यह एक आदत में बदल जाता है। मिसाल के तौर पर, जब हम किसी से मिलते हैं, तो हम उसकी बातों में यह सुनने की कोशिश करते हैं कि वह कौन सी अच्छी चीज़ कर रहा है। और यक़ीन मानें, देर-सबेर वह हमें ऐसी बात ज़रूर बता देगा। अगर आप ग़ौर से सुनेंगे, तो आपको हमेशा अच्छी ख़बरें मिल सकती हैं, क्योंकि हर व्यक्ति थोड़ी-बहुत डींगें हाँकना चाहता है। तो अगर हम दिलचस्पी ज़ाहिर करते हैं और ध्यान से सुनते हैं, तो हमें उन अच्छी चीज़ों के संकेत मिल जाएँगे, जो लोग कर रहे हैं या कोशिश कर रहे हैं। फिर हम स्थिति के अनुसार कोई सकारात्मक वाक्य कह सकते हैं : "आप यह कर सकते हैं!" "आपको धन्यवाद!" "मुझे आप पर गर्व है!" कुछ समय बाद ये शब्द आपके मुँह से सहजता से निकलने लगते हैं।

सकारात्मक मानसिकता आपको बदल देती है। यह आपके सोचने के तरीक़े को बदल देती है। इससे आप दूसरे लोगों को ऊपर उठाने में समर्थ बन जाते हैं। आप अच्छाई की तलाश करने लगते हैं, इसलिए आप हर चीज़ के बारे में बेहतर महसूस करने लगते हैं, जिसमें आप स्वयं और आपके द्वारा की जाने वाली सारी सकारात्मक चीज़ें भी शामिल हैं। दूसरों में अच्छाई तलाशने की आदत से आत्मसम्मान भी बढ़ता है। ऐसा होने पर आप ख़ुद में भी अच्छाई खोजने लगेंगे और फिर लोग आपमें उस अच्छाई को पहचानकर आपकी प्रशंसा करेंगे। यह स्वयं पूरी होने वाली भविष्यवाणी बन जाती है।

जब मैंने हाई स्कूल की पढ़ाई पूरी की, तो मेरे बाइबल टीचर ने मेरी ईयरबुक में एक पंक्ति लिखी थी, जिसे मैं आज तक नहीं भूला। यह उत्साह बढ़ाने वाला एक सीधा-सादा वाक्य था : "एक साफ़-सुथरे युवक को, जिसके पास ईश्वर के साम्राज्य में नेतृत्व की प्रतिभा है।" इस सरल वाक्य से युवावस्था में मुझे काफ़ी प्रोत्साहन मिला, क्योंकि मैं अच्छा विद्यार्थी नहीं था और मुझे यह बता दिया गया था कि मैं कॉलेज की पढ़ाई पूरी नहीं कर पाऊँगा। मैं इस बात से उत्साहित हो गया कि मेरा मनपसंद टीचर मुझे लीडर के रूप में देखता है! वाह! मैंने पहले कभी अपने बारे में इस नज़रिए से नहीं सोचा था।

सबक़ यह है कि एक वाक्य इंसान की ज़िंदगी बदल सकता है। अब सवाल यह है कि आप किस तरह के वाक्य बोल रहे हैं? आपने किस तरह के वाक्य सुने हैं? आप लोगों के लिए नकारात्मक माहौल बनाना चाहते हैं या सकारात्मक माहौल? आप उन्हें धक्का देना चाहते हैं या उठाना चाहते हैं? मैंने लोगों को ऊपर उठाने और उनके जीवन को समृद्ध बनाने का फ़ैसला किया। यह काम उतना ही सरल है, जितना इन आसान लेकिन शक्तिशाली वाक्यों को बोलना : "मुझे आप पर गर्व है।" "मुझे आपकी ज़रूरत है।" "मुझे आप पर भरोसा है।" "मैं आप पर विश्वास करता हूँ।" इन वाक्यों से कुछ लोगों की दुनिया बदल सकती है। इन्हें आपको शब्दावली में रखना ही चाहिए।

इस पुस्तक में बताए गए सिद्धांत सबके लिए हैं, लेकिन वे उन लोगों के लिए ख़ास तौर पर फ़ायदेमंद हैं, जो लीडरशिप के पदों पर पहुँचना चाहते हैं। सकारात्मक बनने की दिशा में पहला क़दम बढ़ाना महान लीडर का गुण होता

है। चाहे आप कंपनी का नेतृत्व कर रहे हों, टीचर या कोच हों या फिर माता-पिता या दादा-दादी के रूप में नेतृत्व की भूमिका निभा रहे हों, ये शक्तिशाली वाक्य आपकी मदद करेंगे।

सकारात्मक दृष्टिकोण की बदौलत कामयाब होने वाले लीडर्स को याद करें। आप आज उन्हीं अमेरिकी राष्ट्रपतियों को याद करते हैं, जिन्होंने मुश्किल परिस्थितियों से जूझते समय भी उजली तस्वीर देखी और दिखाई। द्वितीय विश्व युद्ध के सबसे स्याह दिनों के दौरान फ़्रैंकलिन रूज़वेल्ट के संदेशों में नकारात्मक कहानियाँ नहीं थीं। रोनाल्ड रीगन भी बेजोड़ कहानीकार थे। वे मुश्किल मुद्दों से जूझे। लेकिन उनके पास हमेशा कोई न कोई मज़ेदार प्रसंग होता था। वे आपको हँसता छोड़कर जाते थे। वे हमेशा किसी मुद्दे का अच्छा पहलू खोज लेते थे। जॉन केनेडी जानते थे कि हमारे देश के लिए एक सकारात्मक मिशन ज़रूरी है, इसलिए उन्होंने आह्वान किया, "आइए, चाँद पर चलते हैं!" उन्होंने एक सपना देकर अमेरिका को ऊपर बढ़ने, संभावनाओं तक पहुँचने और बेहतर बनने की चुनौती दी। अमेरिका ने इस चुनौती को अपना लक्ष्य बना लिया और 1969 में इसे हासिल भी कर लिया।

लीडर्स को ऐसे गुण विकसित करने, ये वाक्य सीखने और सकारात्मक बनने की कला का अभ्यास करने की सबसे ज़्यादा ज़रूरत होती है। हमारे यहाँ लीडर्स की बड़ी कमी है। हमें ऐसे लोगों की ज़रूरत है, जो सबसे आगे की क़तार में खड़े हों और काम पूरा करा लें, चाहे काम जो भी हो। लीडर्स के पास वह मिसाल बनने की शक्ति होती है, जिसका हम सभी अनुसरण करते हैं।

मेरा अनुभव है कि मिलकर काम करने पर लोग अपने समुदाय में सकारात्मक माहौल बना सकते हैं। पिछले कुछ सालों में मेरे गृहनगर ग्रांड रैपिड्स में सकारात्मक लोगों के नेतृत्व में अद्भुत प्रगति हुई है। कुछ बरस पहले मैं हमारे कन्वेंशन सेंटर के उद्घाटन पर डिनर भाषण दे रहा था। मैंने श्रोताओं को याद दिलाया कि हम सही जलवायु में रह रहे हैं। यह सुनकर वे थोड़ा चौंक गए, क्योंकि उस रात बर्फ़ गिर रही थी और ठंड बहुत ज़्यादा थी। लेकिन मेरा इशारा बाहर के मौसम की तरफ़ नहीं था। मैं तो सकारात्मक लोगों की जलवायु के बारे में बात कर रहा था, जो अपने समुदाय को बेहतर बनाने के लिए मिलकर काम करते

हैं। हमने एकजुट होकर यह भव्य कन्वेंशन सेंटर बनाया था : सामुदायिक लीडर्स ने सपना दिया, सरकार और दानदाताओं ने डॉलर उपलब्ध कराए, विभिन्न व्यवसायों के लोगों ने कुशल श्रम से सहयोग दिया, यहाँ तक उन लोगों ने भी अपना पूरा योगदान दिया, जिनकी छोटी भूमिका को नज़रअंदाज़ किया जा सकता था – बहुत ही सक्षम वेटर्स ने पूरी कुशलता से ढाई हज़ार मेहमानों में से हर एक को जायक़ेदार गर्म भोजन परोसा।

सकारात्मक नज़रिए वाले नागरिकों का सिर्फ़ समुदाय ही नहीं, बल्कि पूरे देश और दुनिया पर भी यही असर पड़ सकता है। अगर अमेरिका के हर व्यक्ति का नज़रिया सकारात्मक हो जाए, अगर वह हर स्थिति में अच्छाई खोजने लगे और लोगों की शिकायत करने तथा ख़ामियाँ ढूँढ़ने के बजाय एक-दूसरे की प्रशंसा करने लगे, तो एक बहुत बड़ा सामाजिक परिवर्तन आ सकता है – जिसमें हम सब एक-दूसरे को ऊपर उठाएँगे। हम ज़्यादा कड़ी मेहनत करेंगे और ज़्यादा अच्छी तरह सोचेंगे। हमारे मन में ज़्यादा विचार आएँगे, हम ज़्यादा बड़े सपने देखेंगे, ज़्यादा बड़े योगदान देंगे और अपने तथा अपने संसार के बारे में बेहतर महसूस करेंगे। अगर हम किसी व्यक्ति या वस्तु में अच्छाई नहीं खोज पाते हैं, तो इससे हमारे देश और समाज में अशांति फैल जाती है। हमारी संसद और राष्ट्रपति *कुछ तो* सही सोच रहे होंगे; वे *कुछ तो* सही कर रहे होंगे। लेकिन दोनों ही दलों के नेताओं को ऐसा कहने में मुश्किल होती है। जब हम बहस या सृजनात्मक आलोचना करने के बजाय एक-दूसरे पर अपमान की तख़्ती चिपकाने लगते हैं, तो हम ऐसी संस्कृति का विकास करते हैं, जिसमें सकारात्मक वाक्य बोलना संभव ही नहीं है।

मुझे फिलिप्पियन्स 4:7-9 (एनआईवी) की ये पंक्तियाँ बड़ी प्रिय हैं : "जो भी सच है, जो भी उदात्त है, जो भी सही है, जो भी पवित्र है, जो भी प्यारा है, जो भी प्रशंसनीय है – अगर कोई चीज़ उत्कृष्ट या प्रशंसनीय है – तो ऐसी चीज़ों के बारे में सोचो।" अगर हर व्यक्ति इन शब्दों को दिल में बसा ले, तो ज़रा सोचें कि हमारी दुनिया कैसी होगी! इसीलिए मैं यह पुस्तक लिखना चाहता था और इसीलिए मैं आज की दुनिया में सकारात्मक संदेश को महत्वपूर्ण मानता हूँ।

मेरे मन में यह विचार आया कि सकारात्मक नज़रिए को बढ़ावा देने का एक सरल तरीक़ा यह है कि सकारात्मक लोगों को शक्तिशाली वाक्य बता दिए

जाएँ। ये बहुत गूढ़ या दुनिया में भूचाल लाने वाले वाक्य नहीं हैं; लेकिन ग़ज़ब की बात यह है कि इन सामान्य, सरल वाक्यों में इतनी शक्ति छिपी है कि मुक्त होने पर यह हमारे जीवन को गहराई से बदलकर बेहतर बना सकती है। लेकिन यह पुस्तक वाक्यों से आगे तक जाती है। यह सकारात्मक नज़रिए के बारे में है। सकारात्मक नज़रिए के साथ जीने का निर्णय हमें, हमारे समुदाय और यहाँ तक कि हमारे पूरे देश और दुनिया को भी बदल सकता है। मुझे पूरा यक़ीन है कि आज अमेरिका में पुनर्जागरण का समय आ चुका है। हमें सकारात्मक सोच और सकारात्मक कर्मों के प्रति नज़रिया बदलने की ज़रूरत है, जो संबंधों का उपचार कर सकें और साझे हित के लिए हमें एक सूत्र में बाँध सकें।

जब आप लोगों को ऊपर उठाते हैं और उन्हें बेहतर प्रदर्शन करने के लिए प्रेरित करते हैं, तो प्रेरक अमेरिकी राष्ट्रपतियों और सभी महान लीडर्स की तरह आप भी परिस्थितियों को सुधार सकते हैं। मुझे प्रबल विश्वास है कि इस पुस्तक का संदेश हमारे वर्तमान समाज के लिए बेहद महत्वपूर्ण है। हर समाज को ऐसे लोगों की ज़रूरत होती है, जो दूसरों को प्रोत्साहित कर सकें, प्रेरित कर सकें और उनका उत्साह बढ़ा सकें। ऐसे ही लोग दुनिया को आगे बढ़ाते हैं। आप भी उनमें से एक हो सकते हैं!

1

“मैं ग़लत हूँ”

"मैं ग़लत हूँ" ("I am wrong") वाक्य से शुरू करने का फ़ैसला मैंने इसलिए किया, क्योंकि इसे कहना और सचमुच स्वीकार करना सबसे मुश्किल होता है। यह स्वीकार करना मुश्किल होता है कि हम ग़लत थे, चाहे यह ख़ुद के सामने ही क्यों न हो। और दूसरों के सामने "मैं ग़लत हूँ" कहना तो और भी ज़्यादा मुश्किल होता है – ख़ास तौर पर उन लोगों के सामने, जिनकी हम सबसे ज़्यादा परवाह करते हैं या जिनसे हम सबसे ज़्यादा परवाह की उम्मीद करते हैं। यह सबक़ मैंने कई साल पहले तब सीखा, जब मेरी पत्नी हेलन का मोतियाबिंद का ऑपरेशन हुआ। डॉक्टर का कहना था कि हेलन सुबह अस्पताल आकर ऑपरेशन करवाकर शाम तक घर लौट सकती है। उसकी यह बात मुझे तो जम गई, लेकिन हेलन को यह मंजूर नहीं था और वह बोली, "नहीं, मैं कोई हड़बड़ी नहीं चाहती। मैं एक रात पहले अस्पताल में भर्ती हो जाऊँगी। मैं आराम करना चाहती हूँ, ताकि मेरी अच्छी देखभाल हो। मैं नहीं चाहती कि आँखों के ऑपरेशन से पहले मुझे सुबह जल्दी उठना पड़े और हड़बड़ी करना पड़े।"

अपनी असुविधा के बारे में सोचकर मैं बड़बड़ाने लगा कि एक रात पहले अस्पताल में भर्ती होना पैसे और समय दोनों की बर्बादी है। बहरहाल, मेरे बड़बड़ाने को कोई असर नहीं हुआ और हेलन एक रात पहले ही अस्पताल में भर्ती हो गई। अगले दिन डॉक्टर ने मुझे एक तरह के आवर्धक यंत्र से ऑपरेशन देखने की अनुमति दे दी। जब डॉक्टर ने नज़ाकत से पुराना लेंस निकाला और नया कृत्रिम लेंस लगाया, तो मैं हैरान रह गया। यह जटिल प्रक्रिया देखने पर मुझे अचानक एहसास हुआ कि यह कितना बड़ा मामला था। तब जाकर मेरी समझ

में आया कि हेलन को शारीरिक और भावनात्मक दोनों तरह के आराम की ज़रूरत थी। मैं सिर्फ़ फटाफट आने और फटाफट जाने की अपनी सहूलियत के बारे में ही सोच रहा था। ऑपरेशन के बाद मैंने हेलन से माफ़ी माँगी। मैंने उससे कहा कि मैं ग़लत था और वह सही थी। मुझे ऐसा कई बार करना पड़ा है, क्योंकि वह सचमुच बुद्धिमान महिला है और मैं जीवन में कई अन्य मौक़ों पर भी ग़लत साबित हुआ हूँ। लेकिन कम से कम मैं यह सीख रहा हूँ कि अगर पहले से ही हम दूसरों के विचारों के प्रति ज़्यादा संवेदनशील हो जाएँ, तो शायद हम ऐसी स्थितियों से बच सकते हैं, जहाँ हमें यह कहना पड़े कि हम ग़लत थे।

अगर "मैं ग़लत हूँ" वाक्य हमारे दिल के बजाय सिर्फ़ होंठों से ही निकले, तो इसे कहने से कोई फ़ायदा नहीं होगा। इसके लिए अक्सर हमारे भीतर एक वास्तविक और गहरे परिवर्तन की ज़रूरत होती है, क्योंकि हमें यह स्वीकार करना पड़ता है कि हम ग़लत हो सकते हैं। भले ही यह मानने से हमारे अहम् को ठेस पहुँचे, लेकिन हमें यह एहसास करने की ज़रूरत है कि यह मानव स्वभाव है और हर इंसान ग़लतियाँ करता है। हमें यह एहसास भी होना चाहिए कि दूसरों के सामने अपनी ग़लती मान लेने से हम उनके जीवन पर सकारात्मक प्रभाव डाल सकते हैं।

ग़लती मानने से यह पता चलता है कि हम ख़ुद को बदलना चाहते हैं। इससे दूसरे लोग भी सकारात्मक रूप से बदलने के लिए प्रेरित हो सकते हैं। सकारात्मक प्रभाव हमारे यह मानने से पड़ता है कि हम या हमारी सोच ग़लत थी। "मैं ग़लत हूँ" वाक्य में सिर्फ़ तीन छोटे शब्द हैं, लेकिन ये हमारे सकारात्मक नज़रिए को बेहतर बना सकते हैं। यह सब हमारे इस निर्णय से शुरू होता है कि हम परिवर्तन करना चाहते हैं और नकारात्मक के बजाय सकारात्मक माहौल बनाना चाहते हैं। अगर आप ग़लत हों, तो कह दें!

मुझे डर है कि आजकल बहुत से संगठनों में नकारात्मक माहौल सिर्फ़ इसलिए बन और बढ़ रहा है, क्योंकि वहाँ कोई भी यह नहीं कहना चाहता है, "देखिए, मैं इस बारे में ग़लत हूँ। आप बिलकुल सही हैं!" यूनियन की सौदेबाज़ी में, संसद की बहस के दौरान या पारिवारिक बहस के बाद डिनर की टेबल पर यह वाक्य सुनकर कैसा लगेगा? मैं अनुभव से जानता हूँ कि इस तरह की स्वीकारोक्ति से ग़ुब्बारे की ज़्यादातर नकारात्मक हवा निकल जाती है।

ख़ास तौर पर लीडरशिप के पद पर बैठे लोगों के लिए अपनी ग़लती स्वीकार करना मुश्किल होता है। लीडर को भविष्यदृष्टा माना जाता है। उसे इतना बुद्धिमान समझा जाता है कि वह सभी भावी पहलुओं को पहले से भाँप सकता है और उन लोगों के लिए राह चुन सकता है, जो नेतृत्व के बजाय अनुसरण करने में ज़्यादा पारंगत होते हैं। दुर्भाग्य से, कई बार लीडर्स को भी यह स्वीकार करना पड़ता है कि वे ग़लत हैं। मेरा इस सच्चाई से सामना अपनी कंपनी के सह-संस्थापक के रूप में हुआ और तब जाकर यह बात मेरी समझ में आई। जब मैं किसी नई विधि या नए प्रोडक्ट का प्रस्ताव रखता था, तो मुझे पूरा यक़ीन होता था कि मैंने हर संभावित पहलू को ग़ौर से देख लिया है। तभी कोई पूछ बैठता था, "क्या आपने इस बारे में सोच लिया ? या उस बारे में ?" मेरी शुरुआती प्रतिक्रिया यही होती थी, "ओह हाँ, बिलकुल, बिलकुल। निश्चित रूप से!" जबकि सच तो यह था कि मैंने दरअसल उसके बारे में सोचा ही *नहीं* था। मैं उसे पूरी तरह चूक गया था! मुझसे भिन्न दृष्टिकोण वाले व्यक्ति ने किसी ऐसी चीज़ पर ग़ौर कर लिया था, जिसका मुझे ख़्याल ही नहीं रहा था।

ऐसी परिस्थिति में एक विकल्प तो यह होता है कि आप अपनी बात पर डटे रहें, अपने अहम् की रक्षा करें और अपनी ग़लती बिलकुल न मानें। दूसरा विकल्प यह होता है कि आप बस यह कह दें, "आप सही हैं! मैं ग़लत हूँ! जाने क्यों मैं इस पहलू को नहीं देख पाया ?" अपनी ग़लती स्वीकार करने से आप ग़लतियाँ सुधारने और मिलकर समाधान खोजने की दिशा में आगे बढ़ते हैं। आप ग़लत हैं, यह स्वीकार करने के बाद ही आप अपनी ग़लतियों से सबक़ ले सकते हैं और किसी दूसरे व्यक्ति के दृष्टिकोण का लाभ ले सकते हैं। इसका मतलब यह मानना है कि मैंने अपने कर्मचारियों की राय न लेकर उनके प्रति असम्मान दिखाया था।

चूँकि मैंने अपनी ग़लती स्वीकार करने का विकल्प चुना, इसलिए मैंने एमवे बिज़नेस के शुरुआती दिनों में अपने कर्मचारियों का दृष्टिकोण समझने और नियमित मीटिंग्स करने का महत्व जाना। हम इन मीटिंग्स को "स्पीक अप" कहते थे। हर कुछ महीनों में हम हर डिपार्टमेंट से एक प्रतिनिधि चुन लेते थे, जो मेरे साथ मीटिंग करता था। ये प्रतिनिधि कोई भी सवाल पूछने, कोई भी सुझाव देने,

किसी भी चीज़ की शिकायत करने के लिए स्वतंत्र थे, चाहे वह हमारे सिस्टम की गड़बड़ी जितनी बड़ी चीज़ हो या फिर कॉफ़ी मशीन से कॉफ़ी न निकलने जितनी छोटी चीज़ हो।

"स्पीक अप" हमारे कर्मचारियों को यह बताने का तरीक़ा था कि हमारे पास सारे जवाब नहीं थे, हम भी ग़लतियाँ कर सकते थे और हम उनकी राय का सम्मान करते थे। कर्मचारियों ने उन मीटिंग्स में जो सुझाव दिए, उन पर अमल करने से हमारी कंपनी बेहतर बनी। ऐसा इसलिए हुआ, क्योंकि मैं अपने कर्मचारियों के सामने अपनी ग़लती स्वीकार करने के लिए तैयार था। यह हमारे द्वारा लिए गए सबसे चतुराई भरे व्यावसायिक निर्णयों में से एक था।

हर समय ख़ुद को सही मानने का अड़ियल रवैया दोस्तों या परिवार के सदस्यों के बीच दरार डाल सकता है। कई बार सही होने की ज़िद से ऐसी फ़िज़ूल बहस शुरू हो सकती है, जो जीतने लायक़ नहीं होती और पलटकर देखने पर मूर्खता के सिवाय कुछ नहीं लगती है। जे वैन एन्डल और मेरी दोस्ती तथा बिज़नेस पार्टनरशिप चालीस साल से ज़्यादा समय तक क़ायम रही। हमने यह दुर्लभ उपलब्धि इसलिए हासिल की, क्योंकि हमने अपने सभी महत्वपूर्ण लक्ष्यों तथा बिज़नेस निर्णयों के बारे में सहमति बनाई। जे की उम्र ज़्यादा थी, इसलिए वे चेयरमैन बन गए और मैं दो लोगों के संचालक मंडल का प्रेसिडेंट। हमने फ़ैसला किया था कि व्यावसायिक निर्णयों के मामले में हम दोनों का वोट ज़रूरी होगा।

एमवे बिज़नेस के शुरुआती दिनों में मैं ज़्यादा बड़ी कार ख़रीदना चाहता था। इसकी वजह ज़रूरत नहीं, बल्कि अहम् था। हमने जिन डिस्ट्रिब्यूटर्स को स्पॉन्सर किया था, वे कैडिलक कार में सवारी कर रहे थे, जबकि जे और मैं अब भी अपनी प्लाईमाउथ व डेसोटोस चला रहे थे। डाउनटाउन ग्रांड रैपिड्स के एक कार डीलर के पास एक सुंदर, बेहतरीन दिखने वाली पैकर्ड थी। मेरे दिल में उसका मालिक बनने की बड़ी हसरत थी। मैंने जे से बिना पूछे उस कार को कंपनी के लिए ख़रीद लिया। मुझे इसके लिए उससे माफ़ी माँगना पड़ी। जे ने मामले को ज़्यादा तूल नहीं दिया और इतना ही कहा, "ठीक है, तुमने निर्णय लिया है; अब इसका आनंद लो।" मेरी ख़्वाहिश पूरी हो गई थी, लेकिन मैंने कंपनी की अपनी ही बनाई स्पष्ट नीति का उल्लंघन किया था कि ख़र्च संबंधी फ़ैसले हम दोनों मिलकर करेंगे।

तो आख़िर वे कौन से बड़े बिज़नेस निर्णय थे, जिन पर हममें तकरार हुई – ज़ोरदार बहस ? आपको यक़ीन हो या न हो, लेकिन यह एक बहुत छोटे मसले पर हुई। दरअसल हमारे नए एमवे ग्रांड प्लाज़ा होटल की सबसे ऊपर की मंज़िल पर बने रेस्तराँ का ड्रेस कोड तय करना था, जो अस्सी के दशक की शुरुआत में प्रारंभ हुआ था। इसी महत्वहीन मुद्दे पर हमारी पार्टनरशिप में काफ़ी बड़ी असहमति हुई।

हमारे नए होटल के टॉवर में डाउनटाउन ग्रांड रैपिड्स के छब्बीस मंज़िल ऊपर बना *सिग्नस* शहर का पहला सुरुचिपूर्ण रेस्तराँ था। बहस इस बारे में थी कि क्या हम रेस्तराँ को औपचारिक रखें, जिसके ड्रेस कोड में पुरुषों के लिए जैकेट और टाई शामिल हों या फिर किसी तरह का कोई बंधन न रखें, ताकि वहाँ डिनर के लिए ज़्यादा लोग आएँ और ज़्यादा बिज़नेस हो। हमारी लंबी पार्टनरशिप के दौरान यह एकमात्र फ़ैसला था, जिसमें दोनों में से किसी ने भी वीटो का प्रयोग किया हो। सौभाग्य से हमारी दोस्ती मज़बूत थी और *सिग्नस* का मामला तुच्छ समझकर भुलाया जा सकता था। लेकिन इससे भी छोटी-छोटी बहसों पर दोस्तियाँ और यहाँ तक कि पारिवारिक संबंध भी कमज़ोर हो जाते हैं या ख़त्म हो जाते हैं। ज़्यादातर लोगों को लगता है कि ख़ुद को ग़लत मानने से उनका गर्व आहत होता है और *आपका* अहम् भी। इसीलिए यह वाक्य कहना ज़्यादातर लोगों को बहुत मुश्किल लगता है।

लेकिन जैसे-जैसे हमारी उम्र बढ़ती है, इसे कहना ज़्यादा आसान होता जाता है। तब हमारी उपलब्धियाँ ग़लतियों से ज़्यादा हो जाती हैं और हम पहले जितने नाज़ुक या असुरक्षित महसूस नहीं करते हैं। उम्र के साथ आप जीवन में अपने हिस्से की ग़लतियाँ कर चुके होते हैं और अपने तथा दूसरों के सामने यह स्वीकार कर चुके होते हैं कि आप आदर्श नहीं हैं। जब हम युवा होते हैं और ख़ुद को स्थापित करने की कोशिश कर रहे होते हैं, तब हमें ग़लती स्वीकार करने में डर लगता है। सच्चाई यह है कि ग़लतियाँ स्वीकार करने का हम पर और दूसरों पर मुक्तिदायक प्रभाव पड़ता है। यह परिपक्वता की निशानी है। अपनी ग़लती मानना शक्ति का सूचक है – कि हम विनम्र हो सकते हैं और इतने बड़े नहीं हुए हैं कि अपनी ग़लती स्वीकार न कर सकें। लोग विनम्रता को पसंद करते हैं; कोई भी सर्वज्ञानी

को पसंद नहीं करता है।

"मैं ग़लत हूँ" कहना उपचार की प्रक्रिया की शुरुआत भी है। जब आप किसी बच्चे को कुकी के जार में हाथ डालते हुए पकड़ते हैं, तो उसकी पहली प्रवृत्ति इंकार करने, ख़ुद की रक्षा करने, तर्क देने और बहाने बनाने की होती है। उस बच्चे की तरह ही हमारी पहली प्रवृत्ति भी उत्तेजित होकर अपनी स्थिति की रक्षा करने की होती है और हम किसी के या अपने सामने भी यह स्वीकार नहीं करना चाहते हैं कि हम ग़लत हैं। नकारना और तर्कसंगत बहाने बनाना बड़ा ही बचकाना और निरर्थक काम है। हम तभी सचमुच बड़े होते हैं, जब हम अपनी स्थिति की रक्षा करने को कम महत्व देते हैं और संबंध के उपचार को ज़्यादा महत्व देते हैं। जीवन में हर इंसान ग़लती करता है, यह समझने से ग़लत होने का डंक निकल जाता है। हम ग़लत हैं, यह स्वीकार करना ही दूसरों को पहुँचाए गए घावों को सचमुच भरने का एकमात्र उपाय है। इसके बिना लोग हमसे द्वेष करने लगेंगे और शायद उनके घाव कभी पूरी तरह भर ही न पाएँ।

ग़लतियाँ अपरिहार्य हैं और उनके अस्तित्व को नकारने से सिर्फ़ दंभ और विवाद जन्म लेते हैं। हम आदर्श या संपूर्ण नहीं हैं, न ही बनाने वाले ने इंसान को इस इरादे से बनाया है। आदर्शवादी (perfectionist) व्यक्ति का लक्ष्य अपने सभी कामों में आदर्श बनना होता है। इतने ऊँचे पैमाने पर कौन खरा उतर सकता है ? अपनी ग़लती पर हँस दें - ख़ुद पर हँस दें! आपका अहम् आपको कुछ दूर तक ही ले जा सकता है, लेकिन अखंडता और विनम्रता आपको सफलता तक ले जाती है।

अपनी ग़लतियाँ मानने से हमारा शारीरिक और मानसिक उपचार भी संभव है। चिकित्सा विज्ञान यह साबित कर चुका है कि हमारी शारीरिक और मानसिक सेहत के बीच काफ़ी गहरा संबंध होता है। मैं कोई डॉक्टर नहीं हूँ, लेकिन मेरे ख़्याल से यह स्पष्ट है कि अपने बचाव की कड़ी कोशिश के बजाय ग़लती स्वीकार कर लेने, द्वेष पालने के बजाय क्षमा करने, और तमाम दोषों के साथ ख़ुद को स्वीकार कर लेने से ज़्यादातर ग्लानि और तनाव को कम किया जा सकता है, जिससे हमारी शारीरिक सेहत को नुक़सान पहुँचता है।

जब हम हमेशा सही होने के बोझ से मुक्त हो जाते हैं, जब हम इस डर से

आज़ाद हो जाते हैं कि दूसरे हमें ग़लत मान लेंगे, तो इस बात की काफ़ी ज़्यादा संभावना है कि हम मानसिक और शारीरिक दोनों दृष्टियों से बेहतर महसूस करेंगे। इसलिए जब मैं अपनी ग़लती स्वीकार करता हूँ, तब भी मैं उत्साहपूर्ण बनने की कोशिश करता हूँ। मैं इस बारे में चुप नहीं रहता हूँ। जब कोई दूसरा सही होता है और मैं ग़लत होता हूँ, तो मैं खुलकर यह बात कह देता हूँ। मैं ग़लत था, यह कहना जितना महत्वपूर्ण है, उतना ही महत्वपूर्ण यह बताना भी है कि सामने वाला सही है।

हम सभी को यह जानने की ज़रूरत है कि ज़्यादातर लोग हमारी ग़लतियों के बावजूद हमें दिल से क्षमा कर देते हैं और अंततः उन्हें भुला भी देते हैं। हम भी इस उदारता का क़र्ज़ उतारते हुए दूसरों की ग़लतियों को क्षमा कर सकते हैं। मेरे दिमाग़ में इस बात की एक बहुत अच्छी मिसाल जेराल्ड आर. फ़ोर्ड की आती है। जब राष्ट्रपति जेराल्ड फ़ोर्ड 2006 में क्रिसमस के अगले दिन चल बसे, तो मैंने एक मित्र और देश ने एक सम्मानित नेता खो दिया। जेरी फ़ोर्ड ग्रांड रैपिड्स, मिशिगन के मेरे गृहनगर में बड़े हुए थे। वे राष्ट्रीय चैंपियनशिप जीतने वाली मिशिगन यूनिवर्सिटी की फ़ुटबॉल टीम के स्टार थे। उन्होंने कई सालों तक अमेरिका की संसद में हमारे क्षेत्र का प्रतिनिधित्व किया। जब मेरे ये दोस्त और पड़ोसी अमेरिका के राष्ट्रपति बने, तो मुझे रोमांच और गर्व का एहसास हुआ। मेरे गृहनगर में उनकी अंत्येष्टि और अंतिम यात्रा के दौरान मुझे बहुत अफ़सोस हुआ।

उनकी मौत के बाद समाचार पत्रों में छपी प्रशस्ति, इस विनम्र व्यक्ति को श्रद्धांजलि थी, जिसने राष्ट्रपति के रूप में भी ईश्वर में अपने विश्वास की घोषणा की थी। उनकी अखंडता और आस्था तब सबसे ज़्यादा स्पष्ट रूप में उभरकर सामने आई, जब उन्होंने रिचर्ड निक्सन को क्षमा किया। राष्ट्रपति फ़ोर्ड जानते थे कि क्षमा करने से 1976 के राष्ट्रपति पद का उनका अभियान ख़तरे में पड़ सकता है, लेकिन उन्होंने वही किया, जो उनकी अंतरात्मा को सही लगा। क्षमा के बारे में राष्ट्र को दिए अपने संदेश में मि. फ़ोर्ड ने कहा कि अगर वे दूसरों के प्रति न्याय और दया नहीं दिखाते हैं, तो वे ईश्वर से अपने लिए न्याय और दया की उम्मीद कैसे कर सकते हैं। उन्होंने राजनीतिक स्वार्थ और व्यक्तिगत लाभ से ऊपर उठकर क्षमा करने और भूलने का विकल्प चुना। वे हमारे देश को मरहम

लगाना चाहते थे। राष्ट्रपति फ़ोर्ड ने अधिकांश अमेरिकियों के समक्ष यह साबित किया कि देश का भविष्य किसी पूर्व राष्ट्रपति के भाग्य से ज़्यादा महत्त्वपूर्ण होता है।

जब हम किसी को क्षमा करने के बजाय उससे नफ़रत करते हैं, तो हम अपनी ऊर्जा बर्बाद करते हैं। ईसा मसीह ने हमसे अपने शत्रुओं को क्षमा करने को कहा था। हमें ख़ुद को भी क्षमा करने की ज़रूरत है। हमें यह याद रखना चाहिए कि अगर हम पश्चाताप करते हुए अपनी ग़लती स्वीकार करें, तो ईश्वर हमारे किसी भी पाप को क्षमा कर सकता है। मैं देख सकता हूँ कि ओवल ऑफ़िस में राष्ट्रपति फ़ोर्ड बैठे हैं, जो हमारे देश को मरहम लगाने के लिए छटपटा रहे हैं, जो इस बात के लिए उत्सुक हैं कि हमारा देश आगे बढ़े और जो इस निष्कर्ष पर पहुँच रहे हैं कि ईसाई तथा लीडर के रूप में उनके पास सिर्फ़ यही विकल्प है कि वे क्षमा करके अतीत को पीछे छोड़ दें और आगे की तरफ़ देखें। हम भी यही विकल्प चुन सकते हैं। सकारात्मक भविष्य किसी भी व्यक्ति के प्रति पाले गए द्वेष या पुरानी ग़लतियों के कारण उत्पन्न अपराधबोध से ज़्यादा महत्त्वपूर्ण होता है।

भाषण देते वक़्त मैं अक्सर अपना परिचय इन सरल शब्दों से देता हूँ : "मैं एक पापी हूँ, जो ईश्वर की कृपा से बचा हुआ है।" यह सिलसिला लगभग बीस साल पहले तब शुरू हुआ, जब मुझे डेट्रॉयट के धीर-गंभीर व्यवसायियों के सामने भाषण देना था। ये लोग मुझसे बिज़नेस सफलता के गुर सीखने के लिए आलीशान होटल में एकत्रित हुए थे। उस समूह के ज़्यादातर लोग मेरी व्यावसायिक उपलब्धियों के अलावा मेरे बारे में बहुत कम जानते थे। संयोजक ने मेरा परिचय देते हुए मेरी कामयाबी की तारीफ़ों के पुल बाँध दिए और विस्तार से बताया कि मैंने किस तरह एक अंतर्राष्ट्रीय कॉरपोरेशन बनाया। उसने मुझे मिले कुछ पुरस्कारों, बोर्ड चेयरमैनशिप्स और मानद डॉक्टरेट उपाधियों का भी उल्लेख किया। उसका परिचय ख़त्म होने का नाम ही नहीं ले रहा था। जब मुझे आख़िरकार माइक थामने का मौक़ा मिला, तो मैंने इतने उदार परिचय के लिए संयोजक को धन्यवाद दिया और श्रोताओं को बताया कि मैं सचमुच कौन हूँ : "मैं एक पापी हूँ, जो ईश्वर की कृपा से बचा हुआ है।" यह पंक्ति बस अपने आप मुँह से निकल गई और फिर यह आदत बन गई। उसके बाद मैं अक्सर इन शब्दों से अपना परिचय देने

लगा, क्योंकि मैं अपनी धार्मिक आस्था को अपने जीवन की सबसे महत्वपूर्ण संपत्ति मानता हूँ।

जब मैं मिशिगन में बड़ा हो रहा था, तो जाड़े का आम तौर पर मतलब होता था भारी बर्फ़बारी। मुझे याद है कि गिरती बर्फ़ स्ट्रीट लाइट्स को लगभग पूरा ढँक देती थी और सड़कों पर भी जम जाती थी। जब हम जाड़े की सुबह जागते थे, तो दुनिया सफ़ेद रूई की चमकदार ताज़ी परत से ढँकी दिखती थी। साफ़, ताज़ी गिरी बर्फ़ हमें यह एहसास करा सकती है कि भजनकार ने बर्फ़ को पवित्रता का पैमाना क्यों बनाया था, जब उसने ईश्वर से हमारे पाप क्षमा करने और हमें धोकर दोबारा सफ़ेद बनाने का आग्रह किया। यह कल्पना करना मुश्किल है कि सुबह की धूप में चमचमाती बर्फ़ से ज़्यादा सफ़ेद कोई चीज़ हो सकती है। बहरहाल, हमसे यह वादा किया गया है कि ईश्वर की कृपा हमें बर्फ़ से भी ज़्यादा उजला बना सकती है। हमने अतीत में चाहे जो भी ग़लत काम किया हो, जिस पर हमें अफ़सोस हो, जिस पर हम शर्मिंदा हों या जिसके बारे में हमारी यह इच्छा हो कि हम उसे वापस ले सकें, ईश्वर उसे धोकर साफ़ कर सकता है और एक भी दाग़ नहीं बचेगा।

"मैं ग़लत हूँ" सकारात्मक लोगों के लिए शक्तिशाली वाक्य है, क्योंकि यह किसी तनावपूर्ण संबंध के दर्द को धो सकता है, किसी सौदे को आगे बढ़ा सकता है, किसी बहस को ख़त्म कर सकता है, उपचारक प्रक्रिया शुरू कर सकता है और दुश्मनों को दोस्त में बदल सकता है। ज़्यादातर लोगों को इसमें जोखिम लग सकता है। आप ग़लत हैं, यह स्वीकार करना आपकी सत्ता, विश्वसनीयता और क़द के लिए ख़तरनाक हो सकता है, लेकिन जीवन में ज़्यादातर सार्थक चीज़ों के लिए थोड़े जोखिम की ज़रूरत तो होती ही है।

अपने पूरे कैरियर में मैंने जोखिम लेने के उदाहरणों के रूप में अपनी तैराकी के अनुभवों का प्रयोग किया है। मैंने बताया है कि आप किनारे पर खड़े रहकर तैरना कभी नहीं सीख सकते। मैंने अक्सर यह कहानी बताई है कि किस तरह जे और मैंने द्वितीय विश्व युद्ध के कुछ समय बाद ही अपना पहला व्यवसाय बेचकर लकड़ी की एक पुरानी नाव ख़रीदी। हम कनेक्टिकट से यात्रा पर निकले और दक्षिण अमेरिका की अपनी मंज़िल की ओर बढ़ने लगे – इस तथ्य के बावजूद

कि हम दोनों ने ही पहले कभी नाव नहीं चलाई थी। हम भटक गए, हमारी नाव ज़मीन पर आ गई और एक बार तो इतनी बुरी तरह भटके कि कोस्ट गार्ड वालों को हमें खोजने में काफ़ी मुश्किल आई। हमारी सूराख़ वाली नाव आख़िर क्यूबा के किनारे से कुछ दूर डूब गई, लेकिन हमने अन्य साधनों से दक्षिण अमेरिका की यात्रा जारी रखी। इस तरह हमने जोखिम लेने तथा विश्वास के साथ आगे बढ़ने का मूल्यवान सबक़ सीखा। अगर आप तब तक इंतज़ार करेंगे, जब तक कि आपके हिसाब से आवश्यक सारा ज्ञान और अनुभव आपके पास न आ जाए, तो शायद आप कभी कोई जोखिम नहीं ले पाएँगे या लक्ष्य हासिल नहीं कर पाएँगे।

जब एमवे कॉर्प. ने विदेशों में पहला क़दम रखते हुए ऑस्ट्रेलिया में प्रवेश करने का काफ़ी बड़ा जोखिम लिया, तो उस वक़्त मैंने अपने स्वतंत्र डिस्ट्रिब्यूटर्स के समक्ष एक भाषण "द फ़ोर विंड्स" दिया। मेरा संदेश यह था कि चारों तरफ़ से बहने वाली हवाएँ कम्पास के सभी बिंदुओं से आती हैं; कुछ दिन वे आपके पक्ष में बहती हैं, तो कुछ दिन आपके ख़िलाफ़। हमारी सफलता इस बात पर निर्भर करती है कि हम अलग-अलग हवाओं में ख़ुद को कैसे ढालते हैं। उन दिनों मैं लेक मिशिगन पर ख़ूब नाव चलाता था। पश्चिमी हवाएँ मंद होती हैं और मेरी नाव उनके साथ तैरती थी। कभी-कभार हवा उल्टी दिशा यानी पूर्व से बहने लगती थी, जिससे मुझे पता चल जाता था कि असामान्य और अनिश्चित मौसम आने वाला है। जब नमी भरे मौसम के बाद ठंडी उत्तर-पश्चिमी हवा लेक मिशिगन के पार आती थी, तो झील उबलने लगती थी। तब आपको नाव सँभालने में माहिर बनने या फिर दौड़ से बाहर निकलने की ज़रूरत होती थी।

चाहे हवा किसी भी तरफ़ बह रही हो, मेरी आशा हमेशा क़ायम रहती है। पानी पर नाव चलाते समय हवा आपकी राह में बहुत सी मुश्किलें खड़ी कर सकती है। ज़िंदगी भी ऐसा ही करती है। और ये मुश्किल परिस्थितियाँ - हमारी परिस्थितियों में होने वाले परिवर्तन - या तो हमें तोड़ सकती हैं या फिर बना सकती हैं। हम अच्छे दिनों का सामना किस तरह करते हैं, इससे यह तय नहीं होता है कि हम ज़िंदगी में कितने सफल होंगे। यह तो इस बात से तय होता है कि हम बुरे दिनों का सामना किस तरह करते हैं। मुश्किल परिस्थितियों में पालनौका (sailboat) का नाविक अपनी पाल का रुख़ बदल सकता है। जब हम ग़लत

होते हैं, तो उन मुश्किल पलों में हमें भी अपनी ग़लती मानकर सोच बदलने की ज़रूरत होती है और यह विचार करना होता है कि हम सामने वाले के साथ चीज़ों को सबसे अच्छी तरह कैसे निबटा सकते हैं। "मैं ग़लत हूँ" कहने की हिम्मत करके ही हम मुश्किल स्थितियों से निबटते हैं। इसमें जोखिम तो होता है, लेकिन लाभ भी बहुत होता है। आप इस लाभ को तब तक कभी नहीं जान पाएँगे, जब तक कि आप ये शब्द नहीं कहेंगे, "मैं ग़लत हूँ।"

मैं कल्पना भी नहीं कर सकता कि मैं अपने परिवार वालों या दोस्तों के साथ अपने संबंधों को ख़तरे में डालूँगा, सिर्फ़ इसलिए क्योंकि मैं डरता हूँ, या इतना ज़्यादा ज़िद्दी या दंभी हूँ कि यह नहीं कह सकता, "मैं ग़लत हूँ। तुम सही थे। मुझे अफ़सोस है। मुझे माफ़ कर दें।" ज़िंदगी बहुत छोटी है। इंसान का अहम् कभी इतना बड़ा नहीं होना चाहिए, न ही उसे इतना नाज़ुक होना चाहिए कि वह कुछ सरल शब्द कहकर दूसरों के घाव को न भर सके और संबंधों की मरम्मत न कर सके।

सकारात्मक बनने के तरीक़ों की तलाश करते समय "मैं ग़लत हूँ" कहने से हमारा नज़रिया बदल जाता है और संबंध स्वस्थ बन जाते हैं। ख़ुद के सामने ग़लती मानना मुश्किल है और दूसरों के सामने मानना तो और भी ज़्यादा मुश्किल है। लेकिन हम सभी को यह मुश्किल सबक़ सीखने की ज़रूरत है। क्या आप अपने दिल में जानते हैं कि आप ग़लत थे, लेकिन आपने कभी यह बात ख़ुद के या किसी दूसरे के सामने, जिसे पता होना चाहिए, सचमुच स्वीकार नहीं की है ? क्या होगा, अगर आप उस व्यक्ति से कहें, "मैं ग़लत हूँ। आप सही हैं।" इसे आज़माकर देखें। आप पाएँगे कि यह उतना मुश्किल नहीं है, जितनी आप कल्पना कर रहे हैं ... और धीरे-धीरे यह ज़्यादा आसान होता चला जाएगा।

2

"मुझे अफ़सोस है"

"मैं ग़लत हूँ" कहने के साथ-साथ हमें अपनी ग़लती के लिए अफ़सोस भी प्रकट करना होगा। संभवतः अपनी ग़लती से हमने किसी को ठेस पहुँचाई हो, इसलिए हमारी स्वीकारोक्ति तकनीकी या मशीनी अंदाज़ में नहीं होनी चाहिए, बल्कि इससे ज़्यादा होनी चाहिए – पूरी ईमानदारी से कह दें कि सामने वाला सही था और हम ग़लत। जब हम किसी के साथ कुछ ग़लत करते हैं, तो वह प्रतिक्रिया करते वक़्त थोड़ा ग़ुस्सा हो सकता है। ऐसे में हमें बता देना चाहिए कि हमने जो किया है, उसके लिए हमें सचमुच अफ़सोस है। अपनी स्थिति की रक्षा करने या ख़ुद को सही साबित करने की कोशिश करना बहुत आसान है, लेकिन जब हम यह कहने का फ़ैसला करते हैं कि हमें अफ़सोस है, तो सारी समस्याएँ आश्चर्यजनक ढंग से छूमंतर हो जाती हैं। सारा ग़ुस्सा और नकारात्मक भावनाएँ धुल जाती हैं। इसका सकारात्मक प्रभाव इतना ज़्यादा है कि हमें अपना क़द छोटा होने, अपने अहम् को चोट पहुँचने देने और यह स्वीकार करने का इच्छुक रहना चाहिए कि हम मिट्टी के पुतले हैं।

मेरे सबसे छोटे बेटे डग ने अपनी किशोरावस्था में कई बार मेरा शक्तिशाली वाक्यों वाला भाषण सुना था, जिसमें मैं बताता था कि किसी विवाद को ख़त्म करने के लिए "मैं ग़लत हूँ और मुझे अफ़सोस है" वाक्य बोलना चाहिए। जैसा मैंने उस भाषण में संकेत किया था : "'मैं ग़लत हूँ और मुझे अफ़सोस है' वाक्य की सुंदरता यह है कि इससे हर बहस फ़ौरन ख़त्म हो जाती है। जब कोई अपनी ग़लती मान ले और माफ़ी माँग ले, तो फिर कहने के लिए बचता ही क्या है?" एक रात जब डग निर्धारित समय तक घर नहीं लौटा, तो मैं उसका इंतज़ार करने

लगा। उसे जितनी ज़्यादा देर होती गई, मेरा पारा उतना ही ज़्यादा चढ़ता गया। मैंने ठान लिया कि जैसे ही वह घर में घुसेगा, मैं उस पर चढ़ाई कर दूँगा। आख़िर दरवाज़ा खुला और डग दबे पाँव घर में घुसा। उसने मुझे इंतज़ार करते देखा। वह जानता था कि उसे देर हो गई है और उसने यह भी देख लिया था कि मैं ग़ुस्से में हूँ। लेकिन उसने कोई बहाना नहीं बनाया। उसने छूटते ही सहजता से कहा, "डैडी, मैं ग़लत हूँ और मुझे अफ़सोस है।" मैं मन ही मन उबल रहा था, लेकिन जब डग ने अपनी ग़लती मान ली और अफ़सोस भी जताया, तो मेरे कहने के लिए क्या बचा था? इसके अलावा, मैं सोचता हूँ कि शायद वह उस बात को पूरी गंभीरता से कह रहा था - कम से कम उस वक़्त!

"मैं ग़लत हूँ" और "मुझे अफ़सोस है" ("I am wrong") हमजोली हैं। ये वास्तव में क्षमा के लिए संजीवनी बूटी जैसे शब्द हैं। "मुझे अफ़सोस है" वाक्य "मैं ग़लत हूँ" के साथ बोला जाता है, लेकिन यह इससे भिन्न भी है। और "मैं ग़लत हूँ" की तरह ही इसे सीखना और कहना भी मुश्किल होता है।

बेहतर रहेगा कि हमारे बहुत सारे नेता और अन्य सार्वजनिक हस्तियाँ यह सबक़ सीख लें। आपने मशहूर हस्तियों के मुँह से उनकी ग़लतियों या भूलों के संदर्भ में यह सार्वजनिक स्वीकारोक्ति आख़िरी बार कब सुनी थी - "मुझे अफ़सोस है"? दरअसल, इसके बजाय वे अपनी स्थिति की रक्षा करने वाले शब्दों के इस्तेमाल में ज़्यादा कुशल होते हैं। झूठ बोलने और स्कैंडलों के आरोप में फँसे राष्ट्रपति और सांसद से लेकर आपराधिक या सामाजिक दृष्टि से ग़लत कामों में फँसे रॉक स्टार्स व खिलाड़ियों तक कोई भी सीधे से अपनी ग़लती नहीं मानता है। इसके बजाय हमें बहुत सी जनसंपर्क शब्दावली सुनने को मिलती है, जिसमें उस ग़लती को तर्कसंगत बनाकर पेश किया जाता है। "मुझे अफ़सोस है" का सरल वाक्य - जब तक कि इसके बिना उनका कैरियर नष्ट होने का स्पष्ट ख़तरा न हो - दुर्लभ है। सच तो यह है कि अगर वे तत्काल और दिल से क्षमा माँगें, तो अमेरिकी जनता उनकी विनम्रता को ज़्यादा पसंद करेगी, उनके साथ सहानुभूति रखेगी और उन्हें क्षमा कर देगी तथा जल्दी ही उनकी ग़लती को भुला देगी। ये तीन शब्द किसी भी इंसान को नकारात्मक ख़बरों के लंबे सिलसिले से बचा सकते हैं।

अपना बचाव करना, जानकारी देने के बजाय लीपापोती करने के लिए शब्दों का इस्तेमाल करना, दूसरे पर दोष मढ़ना और अपनी ज़िम्मेदारी से बचना - ये सभी चीज़ें तब होती हैं, जब हम सकारात्मक बनने का निर्णय लेने के बजाय नकारात्मक दिशा चुनते हैं। इस तरह का व्यवहार नकारात्मक समाज बनने की पतनशील राह की ओर ले जाता है। हमें आज वॉशिंगटन, डी.सी. के अपने नेताओं में यह नकारात्मक प्रवृत्ति साफ़ तौर पर नज़र आती है। हमारा देश नैतिक मूल्यों की बुनियाद पर बना था। उस वक़्त के हमारे नेता विचारप्रधान बहस और उच्चतर अच्छाई के प्रति समर्पण द्वारा निर्णयों पर पहुँचते थे। सर्वश्रेष्ठ समाधान तक पहुँचने के लिए वे भिन्न रायों का स्वागत और सम्मान करते थे। तब राजनीतिक दलों में इस बारे में तो मतभेद हो सकता था कि राष्ट्रीय हित के लक्ष्य कैसे हासिल करें, लेकिन इस बारे में कोई दोराय नहीं थी कि वे सभी अमेरिकी हैं और दोनों ही दलों के सदस्य सम्मानजनक विचार प्रदान कर सकते हैं।

सरकार के साथ मेरे अनुभव से यह प्रकट होता है कि आजकल हम स्वस्थ बहस का स्वागत नहीं करते हैं। रिपब्लिकन्स और डेमोक्रेट्स या तो इसे अपने तरीक़े से करना चाहते हैं या फिर नहीं करना चाहते हैं। डेमोक्रेट्स को किसी रिपब्लिकन राष्ट्रपति में एक भी प्रशंसनीय बात नहीं दिखती है। इसी तरह रिपब्लिकन्स को भी किसी डेमोक्रेट द्वारा प्रस्तावित क़ानून में कोई अच्छी बात नज़र नहीं आती है। सच तो यह है कि मुद्दों के दोनों हिस्सों और दोनों ही पार्टियों में कारगर विचार होते हैं। हमें दूसरे लोगों और उनके दृष्टिकोणों को महत्व देना सीखना चाहिए और सकारात्मक क़ानून बनाने के लिए समझौता करने का इच्छुक रहना चाहिए।

"मुझे अफ़सोस है" कहने की योग्यता से यह पता चलता है कि हम सामने वाले व्यक्ति का दृष्टिकोण देख सकते हैं, कि हम संबंध बनाए रखना चाहते हैं, कि हम इतने घमंडी नहीं हैं कि दूसरों में अच्छाई न देख सकें। क्षमा एक चेतन निर्णय है, जिस पर हम तब पहुँचते हैं, जब हम दूसरों की भावनाओं के प्रति परानुभूति रखते हैं। अपनी ग़लती मानते समय हम सिर्फ़ अपने दृष्टिकोण से ही क्षमा माँगने के बारे में नहीं सोचते हैं। इसके बजाय हम यह भी सोचते हैं कि हमारे क्षमा माँगने से उस व्यक्ति को क्या लाभ होगा, जिसके प्रति हमने ग़लती की है

और इसका उसके जीवन पर वास्तव में कितना सकारात्मक प्रभाव पड़ेगा।

1980 के दशक के अंत में मैं वॉल्ट डिज़्नी के कुछ वाक्यों से बहुत प्रभावित हुआ और मैंने उनके शब्दों को अपने एक भाषण की बुनियाद बनाया। डिज़्नी ने कहा था कि दुनिया में तीन तरह के लोग होते हैं : "कुएँ में ज़हर घोलने वाले," जो लोगों को प्रोत्साहित करने के बजाय उनकी आलोचना करने और चीर-फाड़ करने की कोशिश करते हैं; "लॉन तराशने वाले," ऐसे भले लोग, जो अपने काम से काम रखते हैं, टैक्स चुकाते हैं और घर-परिवार की देखभाल करते हैं, लेकिन कभी अपनी चहारदीवारी लाँघकर दूसरों की मदद करने नहीं जाते हैं; और "जीवन समृद्ध करने वाले," जो अपने दयालु शब्दों और कामों से दूसरों का जीवन समृद्ध बनाते हैं और दुनिया को बेहतर बनाते हैं।

उस भाषण के अंत में मैंने मिस थॉम्पसन की एक कहानी सुनाई, जो एलिज़ाबेथ बैलार्ड ने 1976 में लिखी थी। आप पूरी कहानी चार्ल्स स्विन्डॉल की पुस्तक *क्वेस्ट फ़ॉर कैरेक्टर* में पढ़ सकते हैं, लेकिन संक्षेप में यह एक स्कूल टीचर और उनके एक शिष्य के बारे में है। उस शिष्य से कोई प्रेम नहीं करता था और वह पढ़ाई में पिछड़ रहा था, क्योंकि उसका पारिवारिक जीवन अच्छा नहीं था और कोई उसकी परवाह नहीं करता था। उसका स्कूल रिकॉर्ड और अस्त-व्यस्त हुलिया देखकर मिस थॉम्पसन भी उसे नज़रअंदाज़ करती रहीं, जब तक कि क्रिसमस के समय एक घटना नहीं हुई।

विद्यार्थियों ने मिस थॉम्पसन को नए उपहार दिए, जो उनके माता-पिता ख़रीदकर लाए थे। इस असफल बच्चे ने टीचर को राइनस्टोन का एक भड़कीला ब्रेसलेट और सस्ता सा परफ़्यूम दिया। ये दोनों ही चीज़ें उसकी मृत माँ की निशानी थीं। बाक़ी विद्यार्थी उसके पुराने तोहफ़े देखकर हँसने लगे। लेकिन मिस थॉम्पसन इतनी समझदार थीं कि उन्होंने बच्चों को रोक दिया। उन्होंने ब्रेसलेट पहनकर तथा परफ़्यूम लगाकर उसके तोहफ़ों की प्रशंसा की। मिस थॉम्पसन ने उस रात प्रार्थना भी की। उन्होंने ईश्वर से इस बात के लिए क्षमा माँगी कि अब तक उन्होंने इस बच्चे को नज़रअंदाज़ किया था, जिसे कोई भी प्रेम नहीं करता था। उन्होंने संकल्प किया कि आगे से वे इस उपेक्षित बच्चे में अच्छाई देखने की कोशिश करेंगी। उन्होंने एक ऐसी दोस्ती की शुरुआत की, जो उस बच्चे के डॉक्टर बनने

तक जारी रही। अपनी शादी के दिन उसने मिस थॉम्पसन को उस जगह पर बैठाया, जहाँ ज़िंदा होने पर उसकी माँ बैठतीं।

अच्छे सैमेरिटन की कहानी की तरह ही मिस थॉम्पसन की कहानी भी हमें याद दिलाती है कि दूसरों को ऊपर उठाना हमारा कर्तव्य है। मिस थॉम्पसन की कहानी सिर्फ़ इसलिए विलक्षण है, क्योंकि यह दुर्लभ है। अधिकांश लोग उस व्यक्ति को नज़रअंदाज़ कर देते हैं, जिसे ऊपर उठाने की ज़रूरत होती है। लोगों के साथ जुड़ने के लिए हम सकारात्मक नज़रियों और वाक्यों का इस्तेमाल कर सकते हैं। अपना बचाव करने और दूसरों पर दोष मढ़ने या उनकी आलोचना करने के बजाय हम उनसे परानुभूति रख सकते हैं। दंभी होने के बजाय हम विनम्र बन सकते हैं। इसीलिए "मुझे अफ़सोस है" कहने की सामर्थ्य इतनी महत्वपूर्ण है।

ऐसी बहुत सी चीज़ें हैं, जिन पर आपको अफ़सोस हो सकता है, जबकि उसमें आपकी कोई ग़लती नहीं होती है : "मुझे अफ़सोस है कि आपने अपने प्रियजन को खो दिया।" "मुझे आपकी बीमारी के बारे में सुनकर अफ़सोस हुआ था।" "मुझे अफ़सोस है कि आप वह पद पाने में नाकामयाब रहे, जिसके लिए आपने इतनी कड़ी मेहनत की थी।" जब हम किसी के नुक़सान के लिए अपनी संवेदना व्यक्त करते हैं या किसी की मुश्किल के प्रति सहानुभूति रखते हैं, तो अफ़सोस जताने से हमारी परानुभूति और विनम्रता प्रकट होती है।

इस तरह हम अपने बच्चों या नाती-पोतों की ख़ास तौर पर मदद कर सकते हैं, जब वे उन निराशाओं का सामना करते हैं, जो बड़े होते समय घेर लेती हैं। संभव है कि उनमें से कुछ चीज़ें हमारे वयस्क दृष्टिकोण से ज़्यादा बड़ी न दिखें, लेकिन वे उन युवाओं को काफ़ी आहत कर सकती हैं, जो ख़ुद को साबित करने की कोशिश कर रहे हैं और प्रशंसा के दो बोल सुनना चाहते हैं या शर्मिंदगी के एहसास से बचना चाहते हैं। ऐसे समय रहे हैं, जब मैंने बच्चे के मूड या चेहरे के हाव-भाव को यह संदेश भेजते देखा है कि उसे उस दिन कोई झटका लगा है। हर बच्चा स्कूल की टीम में शामिल नहीं हो पाता है या उसे नाटक में मुख्य भूमिका नहीं मिल पाती है। ऐसे समय आप उसे गले लगाकर कह सकते हैं, "मुझे अफ़सोस है। पर मुझे गर्व है कि तुमने कोशिश की। कोशिश करते रहो, क्योंकि मैं जानता हूँ कि तुम यह कर सकते हो!"

"मुझे अफ़सोस है" कहने का एक और तरीक़ा इस बात के लिए क्षमा माँगना है कि आप किसी कार्यक्रम में उपस्थित नहीं हो पाएँगे या कोई आग्रह पूरा नहीं कर पाएँगे। यह अफ़सोस का एक अलग पहलू है : मुझे उस चीज़ के लिए अफ़सोस है, जिसे मैं नहीं कर पाया – "मुझे बहुत अफ़सोस है कि मैं आपकी पार्टी में शामिल नहीं हो पाया," या, "मुझे सचमुच अफ़सोस है कि मैं कल रात आपके डिनर में नहीं आ पाया।" हमें प्रेम और सम्मान की भावना के साथ यह कहने की ज़रूरत है, "मुझे अफ़सोस है कि मैं वहाँ नहीं पहुँच पाया।"

दादा होने के नाते मेरा कैलेंडर अपने पोते-पोतियों के कार्यक्रमों से भरा रहता है, इसलिए मैं ख़ास तौर पर सतर्क रहता हूँ कि मैं कब उनके किसी कार्यक्रम में नहीं पहुँच पाऊँगा। इसके लिए मुझे कई बार अफ़सोस प्रकट करना पड़ता है। हर दिन मेरे छपे हुए शेड्यूल में एक सूची होती है – सबसे ऊपर वाले हिस्से में – कि उस दिन मेरे पोते-पोती क्या कर रहे हैं। भले ही मैं उस कार्यक्रम में न पहुँच पाऊँ, लेकिन मैं फ़ोन करके या कार्ड भेजकर उन्हें यह जता देता हूँ कि मैं उनके बारे में सोच रहा हूँ और मुझे उन पर गर्व है, लेकिन मुझे अफ़सोस है कि मैं उनके कार्यक्रम में नहीं आ सकता। इस तरह अफ़सोस प्रकट करने से मुझे उनके साथ संप्रेषण का एक अवसर मिल जाता है। "मुझे अफ़सोस है" कहने का यह भी मतलब है कि मैं जानता हूँ, वे क्या कर रहे हैं। जब मैं कोई कार्यक्रम चूक जाता हूँ, तो कम से कम उन्हें यह बता देता हूँ कि मैं दिल से उनके साथ हूँ और मुझे व्यक्तिगत रूप से न पहुँच पाने के लिए अफ़सोस है।

हमें दूसरों की तरह ही ख़ुद के मामले में भी यही करना चाहिए, जब हमें अतीत की ग़लतियों या निर्णय की त्रुटियों के लिए अफ़सोस हो या अवसर गँवाने का अफ़सोस हो या क्षमता से कम करने का अफ़सोस हो। मुझे ख़ुद अफ़सोस है कि जब हमारी कंपनी तरक़्क़ी कर रही थी, तो हम बिज़नेस के साथ-साथ स्वतंत्रता और पूँजीवाद का प्रचार-प्रसार करने में ज़्यादा ज़ोर नहीं लगा पाए। शायद बाक़ी कारोबारी लोग भी ऐसा ही महसूस करते होंगे। अपने देश और पूँजीवाद में हम जिस स्वतंत्रता का आनंद लेते हैं, वह हमारी अर्थव्यवस्था का आधार है। उसकी रक्षा करने में असावधानी की वजह से ही आज हम सभी को दिक़्क़त हो रही है। अमेरिका समाजवाद की ओर फिसल रहा है। मुझे इस बात पर अफ़सोस हो

रहा है और अपराधबोध महसूस हो रहा है कि हमने उस वक़्त ज़्यादा आक्रामकता नहीं दिखाई।

कोशिश करना - भले ही हम असफल हो जाएँ - बाद में अफ़सोस करने से बेहतर है। भले ही हम किसी काम में सफल न हो पाएँ, लेकिन हमें अनुभव तो मिल ही जाएगा, हमारी सोच तो बड़ी हो ही जाएगी और हो सकता है कि हम उससे ज़्यादा हासिल कर लें, जितना हम संभव मानते थे। जे और मैंने कभी एक रेस्तराँ चलाया था। थोड़े वक़्त बाद वह रेस्तराँ डूब गया, लेकिन उस अनुभव से मुझे कम से कम दो चीज़ें पता चलीं : पहली, रेस्तराँ चलाकर पैसे बनाना कितना मुश्किल काम है, और दूसरी, यह बिज़नेस निश्चित रूप से मेरे लिए उपयुक्त नहीं था! हर व्यक्ति को इसी तरह की चीज़ एक बार ज़रूर आज़माना चाहिए और उससे मुक्त हो जाना चाहिए।

क्षमा माँगने के लिए दूसरे व्यक्ति के दृष्टिकोण से स्थिति को देखने की ज़रूरत होती है। इसका मतलब है लोगों में दिलचस्पी लेना - उन लोगों में भी, जो हमसे बहुत या बिलकुल अलग हों। मुझे लोगों से जुड़ने वाला व्यक्ति कहा जाता है। इसका मतलब सिर्फ़ यह है कि आप लोगों को पसंद करते हैं, उन्हें समझने की कोशिश करते हैं, उनमें दिलचस्पी दिखाते हैं और उनके नज़रिए से चीज़ों को देखने का प्रयास करते हैं। आप दूसरे लोगों और उनकी स्थितियों को समझे बिना सच्ची सहानुभूति नहीं जता सकते या यह नहीं कह सकते कि आपको अफ़सोस है। जब मैं हमारे किसी होटल में होता हूँ, तो किचन या किसी दूसरे क्षेत्र में अपने स्टाफ़ के पास जाना पसंद करता हूँ। मैं सिर्फ़ हलो कहने और उनके काम के लिए उन्हें धन्यवाद देने जाता हूँ। मुझे एमवे एरीना में घूमना और अपनी ऑरलैन्डो मैजिक टीम के मैदान में उतरने से पहले खिलाड़ियों से बात करना पसंद है। लोग अक्सर यह देखकर मंत्रमुग्ध हो जाते हैं कि मैं हर व्यक्ति से कितनी जल्दी तालमेल बैठा लेता हूँ - चाहे वह नया पड़ोसी हो या वेटिंग रूम में क़रीब बैठा रोगी।

मेरे पोते-पोती वह समय कभी नहीं भुला पाएँगे, जब हम ताहिती के क़रीब मार्केसस आईलैंड्स में छुट्टियाँ मनाने गए थे। वहाँ मैंने एक बूढ़े आदमी से दोस्ती कर ली, जो समुद्र तट पर एक झोपड़ी में रहता था। उसकी मुस्कराहट चौड़ी थी, जिससे उसके मुँह में बचे दो ही दाँत दिखते थे। वह टापू को अच्छी तरह जानता

था, इसलिए मैंने उसे एक दूरस्थ जलप्रपात के लिए हमारा गाइड बना लिया। वह जलप्रपात टापू का सबसे सुंदर स्थान साबित हुआ - एक ऐसी जगह, जहाँ हम उसकी मदद के बिना कभी नहीं पहुँच पाते। अगर मैं एक अजनबी को जानने की पहल नहीं करता, तो हमें उस अनुभव का आनंद कभी नहीं मिल पाता।

इसलिए "मुझे अफ़सोस है" कहना संजीवनी की तरह काम करता है। इन शब्दों से सामने वाले को पता चल जाता है कि आप समझते हैं और सचमुच पश्चाताप करना चाहते हैं या समर्थन देना चाहते हैं। हम सब ऐसी स्थितियों में रह चुके हैं : बहस करने के बाद अपनी ग़लती का एहसास होना और उसके बाद "मुझे अफ़सोस है" कहने का साहस जुटाना; अंत्येष्टि गृह में दाख़िल होना और प्रियजन को खोने वाले दोस्त से कहने के लिए सही शब्द खोजने की कोशिश करना; किसी दोस्त का आत्मविश्वास बढ़ाना, जिसका मनोबल अस्वीकृति के पत्र की वजह से टूट चुका हो।

ज़िंदगी ऐसी घटनाओं से भरी है, जिनके लिए "मुझे अफ़सोस है" वाक्य शक्तिशाली हो सकता है। ये तीन छोटे शब्द कहना कई बार मुश्किल हो सकता है, लेकिन इस वाक्य के इस्तेमाल की आदत डालना निश्चित ही जोखिम लेने लायक़ है। यह आपके जीवन के साथ-साथ दूसरों के जीवन को भी समृद्ध कर देगा। आप इस भावना को त्याग देंगे कि आपको बहाने बनाने, तर्क देने या अपना बचाव करने की ज़रूरत है, जबकि आपका दिल जानता है कि आपका व्यवहार ग़लत या चोट पहुँचाने वाला था। इन शब्दों को कहने से आपकी अंतरात्मा का बोझ हल्का हो जाएगा, जबकि ख़ामोश रहने से यह बढ़ जाएगा। आपके शब्दों से उस व्यक्ति को फ़ायदा होगा, जिससे आप क्षमा माँगते हैं। "मुझे अफ़सोस है" कहने से इस बात की पुष्टि होगी कि आप उसकी परवाह करते हैं और उसके साथ अपने संबंध को मज़बूत बनाना चाहते हैं, जो इसके बिना टूट सकता था या ख़त्म हो सकता था - सिर्फ़ ये तीन शब्द नहीं कहने के कारण।

3

“आप यह कर सकते हैं”

एक छात्रा ने मुझसे कुछ समय पहले एक कॉलेज के जलसे में पूछा, "वह सबसे महत्वपूर्ण बात क्या है, जो मुझ जैसी युवती को पता होनी चाहिए ?" मैंने उससे कहा, "आपको 'आप यह कर सकते हैं' की फ़िलॉसफ़ी पर चलना चाहिए। आप जो भी करना चाहती हों, आप उसे कर सकती हैं।" वह यह सुनकर बड़ी हैरान हुई। शायद किसी ने कभी उसे यह बात नहीं बताई थी, इसलिए मैं कृतज्ञ हुआ कि मुझे उस युवती पर सकारात्मक प्रभाव डालने का यह अवसर मिला।

"आप यह कर सकते हैं" ("You can do it") मेरे जीवन का बहुत अहम वाक्य रहा है। आपको इस वाक्य की शक्ति से वाक़िफ़ कराने का सबसे अच्छा तरीक़ा मेरे अतीत की ऐसी बातें बताना है, जब मुझे "आप यह कर सकते हैं" के जीवनदर्शन से ताक़त मिली। सौभाग्य से, बचपन में मेरे पिताजी "आप यह कर सकते हैं!" के सकारात्मक वाक्य से मुझे हमेशा प्रोत्साहित करते थे। मैं इस पंक्ति के लिए मशहूर हो चुका हूँ, क्योंकि मैंने बाद में इसका इस्तेमाल दुनिया भर के एमवे डिस्ट्रिब्यूटर्स को प्रेरित करने के लिए बार-बार किया। मैंने यह वाक्य अपनी शब्दावली में शामिल कर लिया है और इसका इस्तेमाल अपने बच्चों, नाती-पोतों और उन लोगों के लिए करता रहता हूँ, जिनकी मैं परवाह करता हूँ और जिन्हें मैं उनकी संभावना तक पहुँचते देखना चाहता हूँ। "आप यह कर सकते हैं" हमारे घर का सूत्रवाक्य बन गया है और मुझे यक़ीन है कि इसका हमारे बच्चों पर काफ़ी सकारात्मक प्रभाव पड़ा है।

बड़ी मंदी के मुश्किल दौर में बड़ा होने के बावजूद यह विचार मुझमें कूट-कूटकर भरा गया कि मैं कुछ भी कर सकता हूँ। मेरे परिवार को वह मकान

छोड़ना पड़ा, जहाँ मैंने अपने बचपन के कई बेहतरीन साल गुज़ारे थे। इसका कारण सिर्फ़ यह था कि मेरे पिता को नौकरी से निकाल दिया गया था और वे उस घर में रहने का ख़र्च नहीं उठा सकते थे। हमारे परिवार को मेरे दादा-दादी के मकान के ऊपरी कमरों में रहना पड़ा, जहाँ मुझे याद है कि मैं रैफ़्टर्स के नीचे सोता था। मंदी के सबसे बुरे पाँच सालों में हम वहीं रहे। लेकिन लड़कपन के ये दिन मेरे लिए बुरे नहीं थे। मेरे कज़िन्स पड़ोस में ही रहते थे। उस वक़्त ज़्यादा कारें नहीं चलती थीं, इसलिए हम सड़क पर बॉल खेल सकते थे। हमारी बॉल की हालत इतनी ख़स्ता हो जाती थी कि हमें उस पर धागा लपेटना पड़ता था और उसके भीतर चिथड़े डालने पड़ते थे। हमारे पास नई बॉल ख़रीदने के *पैसे तक* नहीं होते थे।

उन दिनों पैसे के कारण कई मामलों में हमारे हाथ तंग रहते थे। पैसा कमाने के लिए मैंने एक पेपर रूट शुरू किया और पैदल चलकर अख़बार बाँटे, जब तक कि मैंने साइकल ख़रीदने लायक़ पैसे नहीं कमा लिए। उन दिनों दस सेंट भी काफ़ी बड़ी रक़म मानी जाती थी। मुझे अच्छी तरह याद है कि एक दिन एक आदमी हमारे घर पत्रिकाएँ बेचने आया और रोने लगा, क्योंकि वह तब तक घर नहीं जा सकता था, जब तक कि वह आख़िरी पत्रिका न बेच ले। मेरे पिता ने उसे हक़ीक़त बता दी कि हमारे घर में एक दमड़ी भी नहीं है। बहरहाल, मेरे पिता मुझे "तुम यह कर सकते हो" कहकर बार-बार प्रोत्साहित करते रहे।

मेरे पिताजी बहुत सकारात्मक व्यक्ति थे। वे सकारात्मक सोच की शक्ति में यक़ीन करते थे। और यही सिखाते भी थे, हालाँकि उन्हें ख़ुद अपने जीवन में उतनी सफलता नहीं मिली, जितनी उन्हें उम्मीद थी। बहरहाल, इस बात से वे कभी नकारात्मक नहीं हुए। वे हमेशा मुझसे कहते थे, "तुम महान काम करोगे। तुम मुझसे बेहतर प्रदर्शन करोगे। तुम मुझसे बहुत आगे जाओगे, तुम ऐसी चीज़ें देखोगे, जिन्हें मैं कभी नहीं देख पाया।"

मेरी माँ मानती हैं कि शुरुआत में वे ज़्यादा सकारात्मक नहीं थीं। बहरहाल, मेरे पिता की मृत्यु के बाद एक दिन उन्होंने मुझसे कहा, "मैंने सकारात्मक बनने का फ़ैसला किया है, ताकि तुम मुझसे मिलने आओ, क्योंकि तुम सिर्फ़ मेरी शिकायतें सुनने के लिए तो आने से रहे।" यह निर्णय लेने के बाद वे सकारात्मक बनने लगीं। उन्होंने पिताजी के सकारात्मक दृष्टिकोण का सम्मान किया और "इसे कर दिखाया।" मुझे उन पर बहुत गर्व है! और इससे मेरा यह विश्वास भी मज़बूत

हुआ कि सकारात्मक बनना एक निर्णय है – एक ऐसी चीज़ जिसे हम सीख सकते हैं, बशर्ते हम जीवन की हर स्थिति और हर व्यक्ति के अच्छे पहलू की तलाश पर ध्यान केंद्रित करें। इससे यह भी पता चलता है कि अगर आप सकारात्मक हैं, तो आपका नज़रिया दूसरों पर भी छाप छोड़ेगा और आपके क़रीब रहने पर उनके नकारात्मक होने की कम संभावना होगी।

मुझे सकारात्मक माहौल में पलने-बढ़ने का वरदान मिला था। बाद में मैंने अपने एक भाषण में सकारात्मक माहौल का महत्व बताया था, जिसे "द थ्री ए'ज़ : एक्शन, एटीट्यूड एंड एटमॉस्फियर" (*तिलिस्मी तिकड़ी : कर्म, नज़रिया और माहौल*) कहा गया। हम सभी कर्म करना चाहते हैं। लेकिन हमारे कर्म सकारात्मक नज़रिए से उत्पन्न होना चाहिए। और सकारात्मक नज़रिया तभी बनता है, जब हम सही माहौल में रहें या ख़ुद को सही माहौल में रखने का विकल्प चुनें। मेरा परिवेश एक प्रगाढ़ परिवार का था, जिसने गहरी मंदी में भी ख़ुशी खोजी और बेहतर कल में यक़ीन किया। मुझे एक निजी स्कूल – ग्रांड रैपिड्स क्रिश्चियन हाई स्कूल – में जाने का सौभाग्य भी मिला। माता-पिता ने मुझे उस स्कूल में भेजने के लिए कड़ी मेहनत की और बहुत से त्याग किए। लेकिन वहाँ दाख़िले के बाद मैं बस पास होने लायक़ पढ़ाई ही कर रहा था – जिससे पिताजी को काफ़ी निराशा हुई और उन्होंने मुझे वहाँ से निकालकर इलेक्ट्रिशियन का काम सीखने के लिए एक पब्लिक स्कूल में भेज दिया। मुझे जल्दी ही एहसास हो गया कि मौज-मस्ती में समय बर्बाद करके मैंने कितना कुछ खो दिया था। इसके बाद मैंने ग्रांड रैपिड्स क्रिश्चियन हाई स्कूल लौटने का फ़ैसला किया और माता-पिता को बता दिया कि मैं छुटपुट नौकरी करके अपनी फ़ीस ख़ुद भरूँगा। दूसरी बार मैं पढ़ाई को लेकर ज़्यादा गंभीर था, इसलिए मेरे ग्रेड भी बेहतर हो गए। मुझे मेरी सीनियर क्लास का प्रेसिडेंट भी चुना गया।

आज तक मैं ऐसे स्कूल में जाने के लिए कृतज्ञता महसूस करता हूँ, जिसने घर पर सीखी गई आस्था, आशावाद और कड़ी मेहनत की नसीहतों को मज़बूत किया। ग्रांड रैपिड्स क्रिश्चयन हाई स्कूल लौटने और ख़ुद अपनी फ़ीस भरने का फ़ैसला मेरे लिए बहुत अहम साबित हुआ। ज़िंदगी में पहली बार मैंने कोई ठोस निर्णय लिया था, जिसके दूरगामी परिणाम हुए। मुझे एहसास हुआ कि मैं इलेक्ट्रिशियन बनकर ख़ुश नहीं रह सकता हूँ। पिताजी ने मेरे लिए जो सपना

देखा था, वह मेरे जीवन का पथप्रदर्शक बन गया। स्कूल में ही उन सम्मानित शिक्षक ने, जिनका ज़िक्र मैं पहले कर चुका हूँ, मेरी ईयरबुक में वह सरल लेकिन यादगार पंक्ति लिखी, जिसने मेरी पूरी ज़िंदगी बदल दी, "ईश्वर के साम्राज्य में नेतृत्व की प्रतिभा" – "आप यह कर सकते हैं" की एक और पुष्टि।

हाई स्कूल में ही मैं जे वैन एन्डल से मिला और हमारी आजीवन साझेदारी की शुरुआत हुई। जे के डैडी ऑटो डीलर थे। इसलिए तंगी के दौर में भी जे हमारे स्कूल के उन दो विद्यार्थियों में से एक था, जिनके पास कार थी। मुझे अब भी अच्छे से याद है कि हम सभी स्कूल के बाद जे की कार में लद जाते थे – सभी सीटें खचाखच भर जाती थीं, सवारियाँ अतिरिक्त सीट तक पहुँच जाती थीं और यहाँ तक कि उसकी मॉडल ए फ़ोर्ड के रनिंग बोर्ड पर खड़ी भी रहती थीं। मैं उसे घर और स्कूल के बीच की सवारी के बदले में हर हफ़्ते पच्चीस सेंट देता था।

उन कार यात्राओं के दौरान होने वाली हमारी बातचीत सुनहरे भविष्य के युवा सपनों से भरी होती थी। वहीं पर बिज़नेस मालिकों के रूप में हमारे कैरियर की बुनियाद पड़ी। हमें विश्वास था कि हम यह कर सकते हैं। अपने उल्लेखनीय जीवन की ओर पलटकर देखते समय मैं कह सकता हूँ कि मैंने जीवन में बहुत से बिज़नेस शुरू किए, सुखद परिवार बनाया, नाती-पोतों का आनंद लिया और इस सबकी बुनियाद वही है : "आप यह कर सकते हैं!"

जे और मैंने हाई स्कूल के दौरान एक अनुबंध किया था कि हम दोनों एक साथ कोई बिज़नेस शुरू करेंगे। द्वितीय विश्व युद्ध में विदेशों में सेवा देने के बाद हमने लौटकर एक फ़्लाइंग स्कूल शुरू किया, हालाँकि हम दोनों ही हवाई जहाज़ उड़ाना नहीं जानते थे। इसके बाद हमने हमारे इलाक़े का पहला ड्राइव-इन रेस्तराँ शुरू किया, हालाँकि हमारे पास रेस्तराँ चलाने का भी अनुभव नहीं था। और अंततः 1959 में हमारे घरों के बेसमेंट्स में एमवे की नींव पड़ी।

सकारात्मक माहौल की बदौलत मैं सकारात्मक व्यक्ति बन गया। पिताजी के प्रोत्साहक शब्द "तुम यह कर सकते हो," मेरे कानों में गूँजते रहे और मुझे यह विश्वास हो गया कि मैं कुछ भी और सब कुछ कर सकता हूँ। मेरी पत्नी हेलन मुझे जोखिम-भरा (adventurous) कहती है और मिसाल देती है कि मैं उसे

दुनिया में ऐसी जगहों पर ले जाता हूँ, जहाँ जाने की उसने कभी कल्पना भी नहीं की थी। लेकिन मैं बस कहता हूँ, "चलो वहाँ चलते हैं! चलो इसे आज़माते हैं।" मैं सोचता हूँ कि "तुम यह कर सकते हो" वाले सकारात्मक व्यक्ति का आदर्श वर्णन है।

मुझे बिज़नेस में जो सफलता मिली, वह मेरे सबसे बड़े सपनों से भी परे थी। इस अनुभव की महान नियामतों से मुझे संतुष्टि मिली कि मैंने ईश्वर प्रदत्त गुणों की बदौलत लाखों लोगों को रोज़गार के अवसर उपलब्ध कराए, हज़ारों लोगों को नौकरी दी, जिनकी तनख़्वाह से परिवार चलते हैं और हेलन के साथ मिलकर परोपकार के कामों में दान दिया। एडा, मिशिगन की चढ़ाई चढ़ने के बाद लोगों को उत्पादन करने वाले प्लांट्स और ऑफ़िस की इमारतों का एक कॉम्प्लेक्स दिखता है, जो एक मील लंबे इलाक़े में फैला हुआ है। प्रवेश द्वार के पचास खंभों पर बहुत से देशों के झंडे लहरा रहे हैं, जहाँ कंपनी काम कर रही है। यह एमवे का विश्व मुख्यालय है। जो लोग इसे देखते हैं और एमवे की अभूतपूर्व सफलता को जानते हैं, वे जे और मुझे भविष्यदृष्टा व्यवसायी होने का श्रेय देते हैं, जिन्होंने अपनी सफलता की सटीक योजना बनाई थी। बकवास! सच तो यह है कि हम दोनों भी बाक़ी लोगों की तरह ही अपना परिवार चलाने और परिवार का पेट पालने की कोशिश कर रहे थे। हम कभी सपने में भी नहीं सोच सकते थे कि हम ऐसी कंपनी के मालिक होंगे, जिसकी सालाना बिक्री बिलियनों डॉलर होगी, जिससे संबद्ध कंपनियाँ दर्जनों देशों में होंगी, जिसके दुनिया भर में हज़ारों कर्मचारी और लाखों स्वतंत्र बिज़नेस मालिक होंगे।

हम पर ईश्वर की कृपा रही कि हम सकारात्मक परिवेश में पले-बढ़े और हममें उनके द्वारा दिए गुण थे। हमारा बिज़नेस हमारे दिलो-दिमाग़ में "आप यह कर सकते हैं" की प्रेरणा और प्रेमपूर्ण, सकारात्मक माता-पिता व टीचर्स के प्रोत्साहन से बढ़ना शुरू हुआ।

"कर सकता हूँ" नज़रिया बड़े ही सरल जीवनदर्शन से शुरू होता है। पिताजी का वाक्य था, "आप यह कर सकते हैं।" 1970 के दशक की शुरुआत में मैं एक भाषण दे रहा था, जिसमें मैंने श्रोताओं से सकारात्मक बनने का आग्रह किया। इस भाषण का शीर्षक था, "ट्राई ऑर क्राई" (कोशिश करो या रोओ)। मैंने मज़ाक़

में कहा है कि मैं अक्सर वही भाषण देता हूँ, बस शीर्षक बदल देता हूँ। "ट्राई ऑर क्राई" की ओर पलटकर देखने पर मैं यह कह सकता हूँ कि मैं दशकों से उसी अभियान पर चल रहा हूँ और लोगों को सकारात्मक नज़रिए के लाभ देखने के लिए प्रेरित कर रहा हूँ। मैंने श्रोताओं को बताया है कि लोगों को दरअसल दो श्रेणियों में रखा जा सकता है : एक वे जो कोशिश करना चाहते हैं, और दूसरे वे जो कोशिश करने के बजाय हाशिए पर बैठे रहते हैं, जीवन में अपने दुर्भाग्य के बारे में रोते हैं और कोशिश करने वाले दूसरे लोगों की आलोचना करते हैं। मैंने उन्हें बताया है कि हम ऐसे युग में रह रहे हैं, जहाँ आलोचक होना न सिर्फ़ आसान है, बल्कि लोकप्रिय भी है।

मैंने श्रोताओं को जे और मेरे कई सफल-असफल बिज़नेस अभियानों की सूची बताई, और यह भी कि हम असफलताओं के बावजूद कोशिश करते रहे : हमारा हवाई उड़ान प्रशिक्षण व्यवसाय, ड्राइव-इन रेस्तराँ, महोगनी प्रोडक्ट्स का आयात, लकड़ी के रॉकिंग हॉर्स बनाना, बॉम्ब शेल्टर्स बेचना। हवाई उड़ान प्रशिक्षण का बाज़ार द्वितीय विश्व युद्ध के बाद परवान नहीं चढ़ा, जैसी लोगों ने कल्पना की थी। हमें ब्रॉइलर में ज़्यादा समय तक रखी हैमबर्गर की बहुत सारी ट्रे फेंकना पड़ीं, क्योंकि हम दोनों ही ऑर्डर मिलने पर फटाफट पकाने में माहिर नहीं थे। बरसों तक हमारे पास स्प्रिंग और लकड़ी के पहियों का ढेर पड़ा रहा, क्योंकि हमारे द्वारा बनाए जाने वाले खिलौने घोड़ों का बाज़ार ख़त्म हो गया था - सिर्फ़ इसलिए, क्योंकि एक बड़ी खिलौना कंपनी ने उसका सुंदर मोल्डेड-प्लास्टिक मॉडल उतार दिया था।

लेकिन हम कोशिश करते रहे। जब हमने एमवे शुरू किया, तब हम केमिस्ट्री, निर्माण, पैकेजिंग, इंजीनियरिंग या मानव संसाधन के बारे में कुछ नहीं जानते थे। लेबलिंग मशीन चलाने की कोशिश का पहला अनुभव बड़ा मज़ेदार था। पैकेजों पर तो कम लेबल लगे, लेकिन दीवारों, फ़र्श और ख़ुद हम पर ज़्यादा लग गए। लेकिन हमने आख़िरकार एक ऐसी कंपनी बना ली, जो आज हज़ारों लोगों को रोज़गार देती है और हज़ारों प्रोडक्ट्स का उत्पादन करती है, जिन्हें हमारे लाखों डिस्ट्रिब्यूटर्स या स्वतंत्र बिज़नेस मालिक बेचते हैं।

आज "आप यह कर सकते हैं" ऐसा सूत्रवाक्य बन चुका है, जिसे एमवे

बिज़नेस में दुनिया भर में दोहराया जाता है। जापान, चीन और जिन अन्य एशियाई देशों में एमवे सक्रिय है, वहाँ डिस्ट्रिब्यूटर्स "आप यह कर सकते हैं" कहकर एक-दूसरे का उत्साह बढ़ाते हैं। वे मुझसे पुस्तकों पर "आप यह कर सकते हैं" लिखकर ऑटोग्राफ़ देने को कहते हैं। यह एशिया में प्रोत्साहन अभियान में बदल चुका है। यह सकारात्मक वाक्य दुनिया भर में उन लोगों तक भी पहुँच चुका है, जिन्हें अक्सर बताया गया था कि वे ज़्यादा कुछ नहीं कर सकते। जब एमवे रूस में पहुँचा, तो मुझे फ़्लोरिडा स्थित अपने घर से फ़ोन पर छह सौ लोगों के एक समूह से "आप यह कर सकते हैं!" बोलने को कहा गया। वहाँ के हमारे लोगों ने मुझे बताया कि यह बहुत ही जोशीली मीटिंग थी। रूसी लोग अपना मनचाहा बिज़नेस करने की स्वतंत्रता मिलने और अपने लिए कुछ महत्वपूर्ण करने के विचार से बहुत रोमांचित थे। वे कुर्सियों पर खड़े होकर गा रहे थे और एक-दूसरे का उत्साह बढ़ा रहे थे - यह सेल्स मीटिंग कम, फ़ुटबॉल मैच का माहौल ज़्यादा लग रहा था। "आप यह कर सकते हैं" की विषयवस्तु उनके लिए अविश्वसनीय रूप से शक्तिशाली थी!

जैसा मैंने ज़िक्र किया है, मेरे बच्चे "आप यह कर सकते हैं" के सूत्रवाक्य के साथ पले-बढ़े हैं। मैंने उन्हें हमेशा बताया है कि वे जो चाहे कर सकते हैं, जिसके बारे में उन्हें महसूस हो कि वह उचित है और वे उसे करने में समर्थ हैं। मैंने उनसे कहा है कि हम उन्हें सहारा देंगे, उनकी क्षमता में यक़ीन करेंगे और उनका उत्साह बढ़ाएँगे।

मेरे रिटायर होने के बाद मेरा सबसे बड़ा बेटा डिक मेरी जगह पर एमवे का प्रेसिडेंट बना। मैं रास्ते से हट गया और मैंने उसे उसके तरीक़े से कंपनी चलाने दी। डिक ने दुनिया भर में हमारे विस्तार का नेतृत्व किया, क्योंकि उसमें "आप यह कर सकते हैं" का नज़रिया था। दरअसल वह कई बरसों तक हमारे अंतर्राष्ट्रीय प्रभाग का प्रमुख था, क्योंकि उसमें "आप यह कर सकते हैं" का नज़रिया था। फिर उसने ख़ुद का बिज़नेस शुरू किया और 2006 में मिशिगन के गवर्नर पद का चुनाव लड़ने का फ़ैसला किया, क्योंकि उसमें अब भी "आप यह कर सकते हैं" नज़रिया था। जब उसने मुझे बताया कि उसने चुनाव लड़ने का फ़ैसला किया है, तो मैंने कहा, "ओह, यह तो इस काम के लिए बहुत अच्छा समय नहीं है, है ना?" मैंने उसे आगाह किया कि वह डेमोक्रेट्स का गढ़ माने जाने वाले राज्य

में सत्ताधारी डेमोक्रेट गवर्नर के ख़िलाफ़ लड़ने की सोच रहा है। उसने कहा कि उसे यह बात मालूम है, लेकिन उसे कोई संदेह नहीं था कि उसमें वह काम करने की योग्यता है, इसलिए वह चुनाव लड़ेगा।

चुनाव की रात 10 प्रतिशत वोट गिने जाने तक डिक पीछे चल रहा था। हम सभी सकारात्मक सोचने की कोशिश कर रहे थे, तभी डिक कमरे में आया। उसने हमें बताया कि उसने गवर्नर को फ़ोन करके जीत पर उसे बधाई दे दी है। हम सभी आशावादी बनने की कोशिश कर रहे थे, लेकिन डिक ने यथार्थवादी ढंग से आँकड़ों और जिलों का अध्ययन किया, जिससे उसे यह एहसास हो गया कि दौड़ ख़त्म हो चुकी थी।

चुनाव के कुछ समय बाद मैं उससे मिला, तो उसने कहा कि वह ज़बर्दस्त महसूस कर रहा है। उसे अपने प्रचार का सबसे अच्छा समय वह लगा, जब वह राज्य भर के अच्छे लोगों से मिला और उसे सचमुच बेहतरीन अनुभव मिला। भले ही वह चुनाव हार गया, लेकिन उसके मन में ज़रा भी शंका नहीं थी कि वह उस काम को कर सकता है। "मैं यह कर सकता हूँ" का नज़रिया उसके हर काम में साफ़ झलकता था।

मेरे दूसरे बेटे डैन ने कई साल तक एमवे के एक्ज़ीक्यूटिव पद पर रहने के बाद अपना बिज़नेस शुरू करने का फ़ैसला किया। कंपनी छोड़ने का निर्णय लेने में बहुत हिम्मत की ज़रूरत थी, लेकिन उसमें भी "आप यह कर सकते हैं" नज़रिया था। आज वह कई बिज़नेसों का बेहद सफल मालिक बन चुका है। "आप यह कर सकते हैं" मानसिकता का एक और प्रमाण।

जब परिवार के किसी सदस्य को ऑरलैन्डो मैजिक के दैनिक संचालन और प्रबंधन की ज़िम्मेदारी सँभालने का समय आया, तो खेलों में दिलचस्पी रखने वाली हमारी बेटी चेरी और उसके पति बॉब ने तीन साल तक ऑरलैन्डो जाकर रहने और काम सँभालने की पेशकश की। हालाँकि इस क्षेत्र का उन्हें कोई अनुभव नहीं था, लेकिन उनके मन में अपनी योग्यताओं के बारे में कोई संदेह नहीं था। इसलिए वे टीम सँभालने के लिए ऑरलैन्डो गए तथा तीन साल के बाद आठ और साल रहे! उनमें "आप यह कर सकते हैं" नज़रिया था और उन्होंने दिखा दिया कि वे सचमुच कर सकते हैं।

जब मेरा सबसे छोटा बेटा डग परड्यू यूनिवर्सिटी गया, तो उसने बिज़नेस और मैनेजमेंट का अध्ययन किया। वह किसी दिन एमवे चलाना चाहता था - जो वह आज कर रहा है। एक बार फिर, यह "कर सकता हूँ" मानसिकता का हिस्सा था। वह वॉक-ऑन क्वार्टरबैक के रूप में परड्यू फ़ुटबॉल टीम में शामिल हो गया - और उस आत्मविश्वास का प्रदर्शन किया, जो "कर सकता हूँ" संस्कृति की परवरिश से मिलता है। वह मज़ाक़ में कहता है कि परड्यू में उसका फ़ुटबॉल कैरियर सिर्फ़ दो-तीन मैचों तक सीमित था। लेकिन उसने यह कर दिखाया!

माता-पिता की भूमिका में हमें घर में सकारात्मक माहौल बनाने की ज़रूरत है। हमें बच्चों को प्रोत्साहन देने की ज़रूरत है कि वे जो ठान लें, वह कर सकते हैं और ईश्वर कृपा करके उन पर अपना हाथ रख देगा। हमें बच्चों को ईश्वर और ख़ुद पर भरोसा करना सिखाना चाहिए। हमें उन्हें यह विश्वास करना सिखाना चाहिए कि ईश्वर ने उन्हें महान योग्यताएँ और गुण दिए हैं, जिनकी बदौलत वे दुनिया बदल सकते हैं।

"आप यह कर सकते हैं" के मामले में मुझे एक बड़ा अनुभव तब मिला, जब मैंने दस साल पहले ग्रांड रैपिड्स में हमारे दो सबसे बड़े अस्पतालों का विलय करने का निर्णय लिया। दोनों अस्पतालों में सतत प्रतिस्पर्धा चलती थी : अगर एक नियोनैटल यूनिट ख़रीदता था, तो दूसरे को भी वही चाहिए होता था ... और इसी तरह सिलसिला चलता रहता था।

उनमें से एक अस्पताल नई जगह पर दोबारा इमारत बनाने के बारे में सोच रहा था। मैं दूसरे अस्पताल के बोर्ड का चेयरमैन था और मैंने कहा, "देखिए, मुझे लगता है कि उनके इमारत बनाने से पहले ही मैं इन दोनों के विलय की कोशिश करूँ। दोनों के बीच सिर्फ़ तीन मील का फ़ासला है, इसलिए समुदाय की सबसे अच्छी सेवा के लिए विलय में ही समझदारी है।" हमारे प्रेसिडेंट ने बचने की कोशिश करते हुए कहा, "आप जानते हैं, यह कोशिश पहले भी हो चुकी है।" मैंने कहा मैं यह बात अच्छी तरह जानता हूँ, लेकिन समय बदलता है और मैं फिर कोशिश करना चाहता हूँ। इस पर वे सहमत हो गए और पहले महत्वपूर्ण व्यक्ति बन गए, जिसके समर्थन की हमेशा ज़रूरत होती है। और मैं बैठकर सोचने लगा, "अगर मैं यह कर लेता हूँ, तो यह सचमुच बहुत बड़ा काम होगा। दोनों अस्पतालों का

विलय मेरे जीवन का सबसे बड़ा काम होगा!

मैंने दोनों अस्पतालों के संचालक मंडल को सहयोग करने के लिए प्रोत्साहित किया। मैंने उनसे कहा कि वे यह चिंता न करें कि विलय के बाद बोर्ड में किसे कितनी सीटें मिलेंगी या कौन प्रेसिडेंट या चेयरमैन बनेगा। हमने एक के बाद एक कई छोटे क़दम उठाए और धीरे-धीरे ज़्यादा लोग राज़ी होते चले गए, जब तक कि आख़िरकार बोर्ड्स का विलय नहीं हो गया। फिर फ़ेडरल ट्रेड कमीशन बीच में कूदकर कहने लगा कि हम प्रतिस्पर्धा सीमित करने की कोशिश कर रहे हैं। उन्होंने मुझसे पूछा कि मुक्त उद्यम का प्रबल समर्थक होने के बावजूद मैं प्रतिस्पर्धा रोकने वाले इस काम का समर्थन कैसे कर सकता हूँ। लेकिन मैंने उन्हें विश्वास दिला दिया कि सार्वजनिक स्वामित्व के अस्पताल प्राइवेट कंपनियों से अलग होते हैं और न्यायाधीश ने आख़िरकार हमारे पक्ष में फ़ैसला सुनाया।

यह बड़ी चुनौतियों के बावजूद "कर सकता हूँ" नज़रिए की ही एक मिसाल है। दोनों अस्पतालों के प्रेसिडेंट्स तथा कई अन्य लोगों के समर्थन की बदौलत अस्पताल आज पहले से ज़्यादा मज़बूत स्थिति में आ चुके हैं और वे हमारे समुदाय की भिन्न अत्यावश्यक ज़रूरतों में विशेषज्ञता रखते हैं। हमने अनिवार्य उपकरणों, इमारतों और स्टाफ़ की मदद से उत्कृष्टता को समर्पित केंद्र तैयार किया, जिसने हमारे इलाक़े में एक "मील का पत्थर अस्पताल" खड़ा कर दिया है, जो हमारे क्षेत्र में सबसे ज़्यादा लोगों को रोज़गार देता है।

"आप यह कर सकते हैं" अमेरिका और हमारी पूँजीवादी अर्थव्यवस्था की भावना का भी वर्णन है, जो मेरे जीवन में बहुत महत्वपूर्ण रहे हैं। हेलन और मैंने हाल ही में माउंट वरनॉन की पीपुल्स प्रेसिडेंट गैलरी में इस आशा से दान दिया है कि यह प्रदर्शनी जॉर्ज वॉशिंगटन तथा कई अन्य महान लोगों के प्रति हमारे देश के सम्मान व कृतज्ञता को बनाए रखेगी और बढ़ाएगी। इन लोगों ने ही वे स्वतंत्रताएँ जीती थीं, जिनका हम आज आनंद लेते हैं। प्रदर्शनी में इस महान लीडर के मूर्त स्मारक हैं, जिन्होंने स्वतंत्रता जीतने और हमारे देश को बनाने में अनिवार्य भूमिका निभाई। युवावस्था में वॉशिंगटन एक बहादुर घुड़सवार थे, जो बिगड़ैल घोड़ों को साधते थे। बाद में वे एक साहसी लीडर बन गए, जिन्होंने युद्ध में अपने से बड़ी सेना का मुक़ाबला किया और अमेरिका की स्थापना करने वाले प्रथम

समझदार प्रेसिडेंट बने। बिज़नेसपर्सन के रूप में मेरी दिलचस्पी इस बात में भी थी कि वे माउंट वरनॉन में छह बिज़नेस चलाते थे।

रीगन रैंच की यात्रा में मैंने पाया कि वहाँ राष्ट्रपति रीगन की अनगढ़ वैयक्तिकता, आदर्शवाद और कड़ी मेहनत की अमेरिकी भावना व चरित्र की प्रेरक झलक थी। जब मुझे व्हाइट हाउस डिनर में शामिल होने का सौभाग्य मिला, तो मुझे पता लगा कि रीगन से राजनीति के बारे में कुछ भी पूछने वाले को एक ही जवाब मिलता था, "ऑफ़िस बंद हो चुका है।" फिर वे कोई मज़ाक़ करके माहौल को हल्का कर देते थे। वे आत्मविश्वास तथा आशावाद के पुंज थे और कभी परेशान या चिंतित नज़र नहीं आते थे। वे जानते थे कि वे यह कर सकते हैं! और उनका एक प्रिय वाक्य "अमेरिका में सुबह है" उनके नज़रिए को दर्शाता था।

मुझे एक बार आरोन कोपलैंड के *अ लिंकन पोर्ट्रेट* के ग्रांड रैपिड्स सिम्फ़नी मंचन में वाचक (narrator) बनने का सौभाग्य मिला। अगर आपको इसके बारे में मालूम न हो, तो बता दूँ कि इसमें प्रेरक संगीत को अब्राहम लिंकन के शब्दों के साथ जोड़ा गया है। वे "आप यह कर सकते हैं" की जीती-जागती मिसाल थे। उन्होंने अपनी ज़िंदगी की शुरुआत इंडियाना के वीरान मैदान में बने गंदे फ़र्श वाले कमरे में की थी। कई स्कूलों में सिर्फ़ एक साल की औपचारिक शिक्षा पाने के बावजूद वे अमेरिका के राष्ट्रपति चुने गए। राष्ट्रपति बनने से पहले वे दुकानदार के रूप में असफल हो चुके थे और अमेरिकी संसद तथा सीनेट की दौड़ में भी हार गए थे।

कोई हैरानी नहीं कि हमारे पास "कर सकता हूँ" राष्ट्रपतियों का समृद्ध इतिहास है! आख़िर, हम "आप यह कर सकते हैं" देश में रहते हैं। जेम्सटाउन की धरती पर उतरने वाले पहले अमेरिकियों ने जंगली परिवेश में अविश्वसनीय मुसीबतों से संघर्ष किया, जबकि जाड़ा क़रीब आ रहा था। उन्हें यह ज़रूर महसूस हुआ होगा कि वे यह कर सकते हैं, वरना वे अटलांटिक पार करके यहाँ कभी नहीं आते। हमारे पूर्वजों ने स्वतंत्रता पाने के लिए दुनिया की सबसे शक्तिशाली सेनाओं में से एक ब्रिटिश सेना से युद्ध लड़ा। हमारे संविधान निर्माताओं ने ऐसा दस्तावेज़ तैयार किया, जो दो सौ साल से भी ज़्यादा समय से हमारे देश की सेवा कर रहा है।

हम सभी को अपने भीतर "कर सकता हूँ" नज़रिया विकसित करना चाहिए। यह भी है कि हम सभी का पाला ऐसे लोगों से ज़रूर पड़ा होगा, जिनमें "कर सकता हूँ" नज़रिए की कमी साफ़ झलकती है, जो हमेशा नकारात्मक रहते हैं और हमेशा शिकायत करते रहते हैं। "कर सकता हूँ" व्यक्ति बनने के परिणाम और प्रभाव बहुत बड़े होते हैं। हमारे पास सकारात्मक व्यक्ति बनने का महान अवसर है, जो ज़्यादा लोगों को "कर सकता हूँ" मानसिकता अपनाने के लिए प्रोत्साहित कर सके। हमारा सकारात्मक नज़रिया उन अवसरों के परिवेश की रक्षा करने के लिए अनिवार्य है, जिसमें हमारे बच्चे और नाती-पोते महान चीज़ें हासिल कर सकें।

जब हमने एमवे शुरू किया, *तो हमने सोचा था, पैसा बनाने के लिए बिज़नेस शुरू करना तो ठीक है, लेकिन हमारे बिज़नेस का अंतिम उद्देश्य क्या होगा? यह किस बुनियाद पर खड़ा होगा? पैसा बनाने की कोशिश के अलावा इसे भावनात्मक दृष्टि से कौन सी चीज़ चलाएगी?* जब हमने अपने ख़ुद के बिज़नेस का मालिक बनने के बारे में सोचा, तो हमने पाया कि यह अवसर अमेरिका के लिए मूलभूत था। हमने सोचा कि हर व्यक्ति को ख़ुद का बिज़नेस खड़ा करने का अवसर मिलना चाहिए, बशर्ते वह ऐसा काम करना चाहे। वहीं से हमने पूँजीवाद के समर्थन को अपना उद्देश्य बना लिया।

उस वक़्त दुनिया समाजवाद और साम्यवाद की दिशा में जा रही थी। फ़िदेल कास्त्रो ने क्यूबा पर क़ब्ज़ा कर लिया था। सोवियत संघ एशिया और अफ़्रीका में पैर पसार रहा था। कई लोग कह रहे थे, "पूँजीवाद मर चुका है। ईश्वर मर चुका है।" लोग सोचते थे कि साम्यवाद भविष्य की लहर है और यह अमेरिका में भी फैल जाएगा। पूँजीवाद की रक्षा करना हमारी रणभेरी थी। इस बात के लिए कई बार हमारा मज़ाक़ उड़ाया गया, लेकिन हम फिर भी यह काम करते रहे।

आख़िरकार, "कर सकता हूँ" वाले लोगों ने अमेरिका पर वर्चस्व क़ायम कर लिया - ख़ास तौर पर रीगन के शासनकाल में। जैसा मैं पहले ही कह चुका हूँ, रोनाल्ड रीगन "कर सकता हूँ" वाले इंसान थे। और अमेरिका "कर सकता हूँ" समाज बन गया। राष्ट्रपति रीगन ने पहचाना कि अगर आप "कर सकता हूँ" लोगों को उचित पुरस्कार दें, तो वे ज़्यादा उत्पादन करेंगे, जिससे "नहीं कर

सकता हूँ" लोगों को नौकरियाँ मिल सकती हैं और उनकी देखभाल हो सकती है। आर्थिक दृष्टि से लोगों की मदद करने के मामले में दरअसल मूल सवाल यह है कि हम ज़्यादा नौकरियाँ उत्पन्न करने के लिए क्या कर सकते हैं - हम बेरोज़गारों की संख्या को कैसे कम कर सकते हैं।

हमें जोखिम लेने वाले महत्वाकांक्षी व्यक्ति को प्रोत्साहित करने और हौसला देने की ज़रूरत है, जो अपना छोटा-मोटा बिज़नेस शुरू करने के लिए कड़ी मेहनत करने का इच्छुक होता है और समाज में कई नौकरियों का सृजन करता है। यह आश्चर्यजनक है कि थोड़ा सा प्रोत्साहन कितना कुछ कर सकता है।

मैं पार्टनर्स वर्ल्डवाइड नामक संगठन का समर्थक हूँ। यह संगठन किसी दूसरे देश में - आम तौर पर तीसरी दुनिया के देशों में - काम कर रहे बिज़नेसपीपुल, किसानों और सेल्फ़-एम्प्लॉयड लोगों के साथ अमेरिकी लोगों की पार्टनरशिप करता है। अमेरिकी पार्टनर्स अपने विदेशी साथियों के मार्गदर्शक बन जाते हैं और ज़्यादा सफल बनने में उनकी मदद करते हैं।

पार्टनर्स वर्ल्डवाइड में एक छोटा लोन डिपार्टमेंट भी है, जो सिलाई मशीन, साइकल मरम्मत की मशीन या बेहतर हल या ट्रैक्टर ख़रीदने में लोगों की मदद करता है - कोई भी मशीन, जो ज़्यादा कार्यकुशल बनने में उसकी मदद कर सके। पार्टनर्स वर्ल्डवाइड ने जितने लोगों को सहयोग दिया है, उनमें से आधे से ज़्यादा ने कार्यकुशलता बढ़ने के कारण अपने कर्मचारियों की संख्या बढ़ा ली है। पार्टनर्स वर्ल्डवाइड का लक्ष्य दस लाख मार्गदर्शक बनाना है। एक दिलचस्प बात यह है कि इन मार्गदर्शकों को यह पता चल रहा है कि बिज़नेसपीपुल के रूप में उनका एक कर्तव्य है। सिर्फ़ चर्च जाने और प्यू में बैठने के बजाय वे अब मिशनरीज़ बन गए हैं। और वे जिन लोगों की मदद कर रहे हैं, उनके पास "आप यह कर सकते हैं" का स्पष्ट संदेश होता है। वे "कर सकते हैं" लोग होते हैं, जो अपने दम पर हासिल कर रहे हैं और दूसरे "कर सकता हूँ" लोगों को नौकरी दे रहे हैं।

"आप यह कर सकते हैं" नज़रिए को दूसरों में और ख़ुद में प्रोत्साहित करना महत्वपूर्ण है। कई बार तो यह इकलौती चीज़ होती है, जो इंसान को अपना लक्ष्य हासिल करने के लिए प्रेरित करती है। आइए मैं आपको इसका एक उदाहरण दे दूँ। अमेरिका के आयकर विभाग द इंटरनल रेवेन्यू सर्विस (आईआरएस) में

ऐसे कई अधिकारी हैं, जिनके पास पूर्णकालिक रूप से एमवे की ज़िम्मेदारी है। मैं आईआरएस के एक अधिकारी से इस बारे में मज़ाक़ करता था कि मैं कंपनी में उसके शुरुआती दिनों में उसे ऑफ़िस देने के बजाय हॉल में बैठाता था। आख़िरकार मेरे एक कर्मचारी ने कहा, "आपको इन लोगों को एक ऑफ़िस दे देना चाहिए।" मैंने कहा, "क्यों? उन्हें हॉल में ही बैठने दो। मैं इन लोगों को आरामदेह नहीं बनाना चाहता!" लेकिन हमने अंततः उन्हें ऑफ़िस दे दिया।

एक दिन मैंने वहाँ बरसों से काम कर रहे अधिकारी से पूछा, "आप अब भी यहीं हैं?" इस पर वह मुस्कराकर बोला, "मैं आपका पार्टनर हूँ!" कल्पना करें। मैं आपका पार्टनर हूँ! उसके परिवेश के बावजूद यह उस साहसिक व्यक्ति का अटल "आप यह कर सकते हैं" नज़रिया था। उसने अपना काम पूरी निष्ठा से किया। उसके लिए मैं उसका सम्मान करता हूँ।

आप कभी नहीं जान पाएँगे कि आप कितनी दूर तक जा सकते हैं, जब तक कि आप "काम करना" शुरू न कर दें। वरना आप अपना पूरा जीवन सीमित कर लेंगे और हमेशा अफ़सोस करेंगे और सोचेंगे, काश मैंने उस चीज़ की कोशिश की होती। जब आप "कर सकता हूँ" नज़रिया विकसित कर लेते हैं, तो जैसे चमत्कार हो जाता है और ईश्वर आपको जवाब देने लगता है। आप बाधाओं को ईमानदारी से तौलते हैं, लेकिन ऐसा करते समय आप कुछ न करने का बहाना नहीं खोजते हैं, बल्कि उनसे उबरने के तरीक़े खोजते हैं।

भले ही आप वह काम करने के बाद असफल हो जाएँ, लेकिन आपमें यह जानने की शक्ति और साहस होगा कि आप कितनी दूर तक पहुँच गए, इसलिए आप दोबारा कोशिश करेंगे या अगली बार इसे अलग तरीक़े से करेंगे या ज़्यादा आत्मविश्वास के साथ कोई नया काम करेंगे। इस बारे में सोचें कि आप क्या कर सकते हैं और बस उसमें जुट जाएँ। बड़ा सोचें!

बहुत सारे लोग कभी कुछ करने की कोशिश ही नहीं करते हैं, क्योंकि वे डरते हैं – असफलता से डरते हैं। वे इस बात से डरते हैं कि कोई उनकी आलोचना करेगा या हँसी उड़ाएगा, क्योंकि उनके पास पर्याप्त प्रशिक्षण या विशेषज्ञता नहीं है। उन लोगों से मैं एक ही बात कहता हूँ, "एक लक्ष्य तय करें और उसकी ओर बढ़ें। *आप यह कर सकते हैं!"*

4

“मुझे आपकी क्षमता में यक़ीन है”

एक बार एक नीलामी में मैंने नॉर्मन विन्सेंट पील की हस्ताक्षरित पुस्तक *द पॉवर ऑफ़ पॉज़िटिव लिविंग* की बोली जीती। उस पुस्तक पर सरसरी निगाह डालते वक़्त मुझे याद आया कि जब मैंने बिज़नेस की शुरुआत की थी, तब उनके जीवनदर्शन ने मुझे कितना ज़्यादा प्रभावित किया था।

मैं ख़ास तौर पर *द पॉवर ऑफ़ पॉज़िटिव लिविंग* के दूसरे अध्याय "विश्वासी बनें = सफल बनें" से प्रभावित हुआ था। हम अपने सर्वोच्च लक्ष्य तब तक हासिल नहीं कर सकते, जब तक कि हमें अपनी क्षमता में यक़ीन न हो। सपने सच करने में दूसरों की मदद करने का बहुत प्रभावी तरीक़ा उन्हें यह आश्वस्त करना है, "मुझे आपकी क्षमता में यक़ीन है।"

"आप यह कर सकते हैं" की तुलना में "मुझे आपकी क्षमता में यक़ीन है" ("I believe in you") ज़्यादा व्यक्तिगत है। किसी की क्षमता में यक़ीन करना दरअसल "आप यह कर सकते हैं" वाक्य का विस्तार है। हम आम तौर पर अपने पारिवारिक सदस्यों और क़रीबी दोस्तों से कहते हैं, "मुझे आपकी क्षमता में यक़ीन है।" लेकिन हमें हमेशा यह बात शब्दों में *कहने की* ज़रूरत नहीं होती। हम अपने कामों से भी "मुझे आपकी क्षमता में यक़ीन है" जता सकते हैं। कई बार तो किसी कार्यक्रम में हमारी मौजूदगी या किसी अच्छे उद्देश्य के समर्थन से ही हम यह व्यक्त कर देते हैं, "मुझे आपकी क्षमता में यक़ीन है।"

मैंने तीस साल से भी ज़्यादा समय पहले अपनी पहली पुस्तक लिखी थी, जिसका शीर्षक था, *बिलीव!* यह उन चीज़ों के बारे में थी, जिनमें मैं तब भी यक़ीन करता था और आज भी करता हूँ। इस पुस्तक में भी वही जीवनदर्शन और संदेश

था, जो मैं देश भर में श्रोताओं के सामने अपने भाषणों में व्यक्त करता था। मैं चाहता था कि लोग अपनी और दूसरों की क्षमता में यक़ीन करें। मैंने अपना यह विश्वास जताया कि अमेरिका दुनिया का महानतम देश है, कि हमारी पूँजीवादी अर्थव्यवस्था की बदौलत ही हम आर्थिक दृष्टि से दुनिया के सबसे सफल देश हैं और यह हर व्यक्ति की गरिमा व अस्तित्व का मूल कारण है। मैं लोगों को यह यक़ीन करने के लिए लगातार प्रोत्साहित करता हूँ, क्योंकि मेरे लिए ये बेहतर समुदाय, ज़्यादा मज़बूत परिवार, ज़्यादा सफल तथा ख़ुश बच्चे और कैरियर के लक्ष्य हासिल करने वाले कर्मचारी बनाने की कुंजी है। मैं इन लोगों को हरसंभव तरीक़े से बता देता हूँ कि मुझे उनकी क्षमता पर यक़ीन है। मैं उन्हें भी अपनी क्षमता में यक़ीन करने के लिए प्रोत्साहित करता हूँ, ताकि वे उससे भी ज़्यादा हासिल कर सकें, जिसे वे अपने लिए संभव मानते हैं।

अगर आप ग़ौर से सोचें, तो पाएँगे कि हमारी कई संस्थाएँ दरअसल विश्वास की बुनियाद पर ही बनी हैं। हमें पति-पत्नी और परिवार के सदस्यों के रूप में एक-दूसरे पर विश्वास करना होता है। हमें यक़ीन करना होता है कि हमारे नियोक्ता तथा सत्ताधारी नेता हमारे सर्वश्रेष्ठ हित में काम कर रहे हैं। हमें अपनी प्रजातांत्रिक जीवनशैली और पूँजीवादी अर्थव्यवस्था में भी यक़ीन करने की ज़रूरत होती है, क्योंकि इन्हीं की बदौलत हमें सर्वश्रेष्ठ ढंग से जीने का अवसर मिलता है। हमें अपने लक्ष्य हासिल करने के लिए अपनी क्षमताओं और योग्यताओं में यक़ीन करने की ज़रूरत होती है।

हमें उन लोगों से सतर्क रहना चाहिए, जो अपनी बातों या कामों से यह दिखाते हैं कि उन्हें हमारी क्षमता में यक़ीन नहीं है। हम सभी में आत्म-शंका यानी ख़ुद की क्षमता पर संदेह होने की प्रवृत्ति होती है और नकारात्मक लोग इसे ज़्यादा प्रबल बना सकते हैं। बहुत सारे लोग बहुत सारे अफ़सोसों से ज़्यादा कुछ हासिल नहीं कर पाते हैं, क्योंकि उन्होंने अपनी क्षमताओं पर विश्वास करने के बजाय संदेह किया - क्योंकि उन्होंने अपने लिए कोशिश करने के बजाय दूसरों की नकारात्मक राय मानने का फ़ैसला किया। "मुझे आपकी क्षमता में यक़ीन है" वाक्य सुनकर इन लोगों को काफ़ी शक्ति मिल सकती थी।

मैंने हमेशा ऑरलैन्डो मैजिक के खिलाड़ियों को यह यक़ीन दिलाने की भरपूर

कोशिश की है कि वे चैंपियन बन सकते हैं, भले ही खेल पत्रकारों की रैंकिंग और राय इसके विपरीत हो। जब नाम ही मैजिक हो, तो टीम को आत्मविश्वास की मिसाल बनना चाहिए। बरसों पहले जब टीम पहली बार खेलने जा रही थी, तो मैं खिलाड़ियों को यह यक़ीन दिलाना चाहता था कि वे चैंपियनशिप जीत सकते हैं। मैजिक ने पहले कभी चैंपियनशिप नहीं जीती थी, इसलिए स्वाभाविक रूप से खिलाड़ियों को यह यक़ीन करने में मुश्किल आ रही थी कि वे चैंपियन बन सकते हैं। शायद वे यह सोच रहे होंगे कि चैंपियनशिप का स्वाद वे नहीं, बल्कि दूसरे खिलाड़ी और टीमें ही चख सकती हैं। यही नहीं, खेल पत्रकार और तथाकथित विशेषज्ञ भी सुर में सुर मिलाकर कह रहे थे कि मैजिक के खिलाड़ी इतने कम उम्र के और अनुभवहीन हैं कि चैंपियन नहीं बन सकते।

एक रात मैंने लॉकर रूम में उन्हें संबोधित किया। मैंने उनसे कहा कि वे सारी नकारात्मक बातें दिमाग़ से बाहर निकाल दें। मैंने उन्हें यह प्रेरक सूत्रवाक्य दिया : "हम क्यों नहीं ? अभी क्यों नहीं ?" यह हर मैच में हमारी रणभेरी बन गया। हमने ये दोनों सवाल लॉकर रूम में चिपका दिए। यही नहीं, ये वाक्य मेरे घर की दीवार पर भी लगे हुए हैं और मैं आज भी प्रेरणा के लिए उनकी ओर देखता हूँ। मैजिक उस साल एनबीए चैंपियनशिप नहीं जीत पाई, लेकिन मुझे लगता है कि मेरे द्वारा खिलाड़ियों की क्षमता में यक़ीन दिखाने से उनका आत्मविश्वास काफ़ी बढ़ गया।

"हम क्यों नहीं ? अभी क्यों नहीं ?" सारांश में बता देता है कि हमें यह यक़ीन होना चाहिए कि हम हासिल कर सकते हैं। हमें यक़ीन होना चाहिए कि हम विजेता बन सकते हैं, उपलब्धि पा सकते हैं, लक्ष्यों तक पहुँचने वाले कामयाब व्यक्ति बन सकते हैं। हमें इसी समय शुरू कर देना चाहिए, क्योंकि अगर हम इंतज़ार करते रहेंगे और सोच-विचार करते रहेंगे, तो हम कभी कुछ नहीं कर पाएँगे।

हमारे बच्चों को "मुझे आपकी क्षमता में यक़ीन है" सुनने की सबसे ज़्यादा ज़रूरत होती है। बच्चों को सलाह और मार्गदर्शन देने से यह संदेश मिलता है कि हमें उनकी क्षमता में यक़ीन है। उनके होमवर्क में मदद करने जैसे छोटे काम से भी उनकी क्षमता में यक़ीन करने का संकेत जाता है। जब मेरे बच्चे अपने रिपोर्ट कार्ड लेकर घर आते थे, तो कम ग्रेड देखकर मेरी पत्नी और मैं दोनों ही

कभी उन पर चढ़ाई नहीं करते थे, इसके बजाय हम तो इस बारे में बातचीत करते थे कि ग्रेड कम क्यों हुए और उन्हें कैसे सुधारा जा सकता है। हमने उन्हें यक़ीन दिलाया कि वे बेहतर कर सकते हैं। हमने उन्हें हमेशा उनका सर्वश्रेष्ठ प्रदर्शन करने के लिए प्रोत्साहित किया। हम अपने शब्दों और कामों से उन्हें लगातार प्रेरित करते रहते थे : "तुम यह कर सकते हो। हमें तुम्हारी क्षमता में यक़ीन है।"

जब हमारे बच्चे स्कूल में पढ़ रहे थे, तो हमने उनके सभी खेलों, मैचों और कार्यक्रमों में भी हिस्सा लेने की कोशिश की। हम अब अपने नाती-पोतों के लिए भी यही करते हैं। दर्शकदीर्घा में हर व्यक्ति तालियाँ बजाकर उत्साह बढ़ाता है, लेकिन माता-पिता और दादा-दादी की तालियाँ बच्चों के लिए सबसे ज़्यादा मायने रखती हैं। हम उनका उत्साह बढ़ा रहे हैं, यह जानने से उनका आत्मविश्वास बढ़ता है और उन्हें पता चलता है - सिर्फ़ इस तथ्य से कि हमने वहाँ पहुँचने का समय निकाला - कि हमें उनकी क्षमता में यक़ीन है। "मुझे आपकी क्षमता में यक़ीन है" - चाहे इसे हमने अपने कामों से व्यक्त किया हो या अपने नज़रिए या शब्दों से - यह उनके लालन-पालन में रचा-बसा था।

मैंने यही जीवनदर्शन ऑरलैन्डो मैजिक के सभी खिलाड़ियों पर भी लागू किया है। पेशेवर खिलाड़ियों के रूप में उनकी प्रतिभा और ज़बर्दस्त सफलता के बावजूद वे अब भी युवक ही हैं, जो समर्थन और प्रोत्साहन को पसंद करते हैं। ऑरलैन्डो मैजिक का मालिक होने के नाते मैं अक्सर खिलाड़ियों से बातें करता हूँ और टीम के ज़्यादा से ज़्यादा मैचों में मौजूद रहने की कोशिश करता हूँ। सिर्फ़ मेरी मौजूदगी ही यह जता देती है, "मुझे आपकी क्षमता में यक़ीन है।" मैं उन्हें हर मैच में हर दिन सर्वश्रेष्ठ प्रदर्शन के लिए प्रोत्साहित करता हूँ। मैं उनके साथ बातचीत में एक बात पर ज़्यादा ज़ोर देता हूँ कि "कुछ लोगों के लिए सिर्फ़ यही रात है।" हर मैच में वे उन लोगों के लिए खेल रहे हैं, जो शायद पहली बार और शायद आख़िरी बार एनबीए बास्केटबॉल मैच देख रहे होंगे। ये प्रशंसक अपने प्रिय बास्केटबॉल खिलाड़ियों का बेहतरीन प्रदर्शन देखने आए हैं।

हम चाहते हैं कि हमारे खिलाड़ी पूरे सीज़न के हर मैच में योग्यता के अनुरूप सर्वश्रेष्ठ प्रदर्शन करें - क्योंकि हो सकता है कि उन्हें उस व्यक्ति के सामने अपना सर्वश्रेष्ठ प्रदर्शन करने का दूसरा मौक़ा ही न मिले, जो सिर्फ़ उसी रात अपने प्रिय

खिलाड़ी को देखने आया हो। यह विचार हर दिन हम सब पर भी लागू होता है। हो सकता है कि हम सभी को सकारात्मक प्रदर्शन करने और अच्छी छाप छोड़ने का सिर्फ़ एक ही मौक़ा मिले। हो सकता है कि हमें लोगों को "मुझे आपकी क्षमता में यक़ीन है" बताने का अवसर न मिले। हो सकता है कि हमें इस तरह से काम करने का दूसरा मौक़ा न मिले, जिससे उन्हें यह पता चल जाए कि वे हमारे लिए महत्वपूर्ण हैं। अगर हम यह अवसर चूक गए, तो इसे हमेशा-हमेशा के लिए गँवा बैठेंगे।

मैं अपने खिलाड़ियों को यह भी बता देता हूँ कि मैं उनकी परवाह करता हूँ और बास्केटबॉल मैदान से बाहर भी इंसान के रूप में उनमें यक़ीन करता हूँ। मेरी पत्नी और मैं मैजिक के खिलाड़ियों, कोच और स्टाफ़ को अपने घर आमंत्रित करते हैं। हमारे बच्चे और नाती-पोते भी अक्सर हमारे साथ शामिल होते हैं। सिर्फ़ हमारे घर पर मेहमान बनने से वे यह जान जाते हैं कि हम उन्हें अपने परिवार जैसा मानते हैं, उनकी क्षमता पर यक़ीन करते हैं और परिवार की तरह ही उनकी परवाह करते हैं। प्रशंसक मैदान में एनबीए खिलाड़ियों की प्रतिभा देखते हैं, मिलियनों डॉलर की तनख़्वाह देखते हैं और राष्ट्रीय मीडिया में छाए हुए देखते हैं। लेकिन ये खिलाड़ी अभी युवा हैं - कुछ ने तो हाल ही में किशोरावस्था की दहलीज़ को पार किया है।

इनमें से कुछ खिलाड़ी तो बीस साल की उम्र में अचानक मिलियनेअर बन जाते हैं। कई बार एनबीए उनका पहला पेशेवर काम होता है। इसलिए मैं उन्हें निवेश करने और पैसे बचाने का महत्व बताता हूँ, क्योंकि एनबीए का कैरियर अपेक्षाकृत छोटा होता है। मैं उन्हें अच्छे व्यवहार का महत्व भी समझाता हूँ। उन्होंने अपनी प्रतिभा निखारने और योग्यताओं को आदर्श बनाने के लिए जिम में असंख्य घंटे और दिन लगाए हैं। उन्हें किसी नासमझी भरे ग़लत व्यवहार से इसे कभी बर्बाद नहीं करना चाहिए। मैं उन्हें सलाह देता हूँ कि वे ग़लत लोगों और जगहों से दूर रहें तथा आधी रात से पहले घर लौट आएँ। यह सुनकर वे हमेशा हँस पड़ते हैं। लेकिन मैं उन्हें बताता हूँ कि जब भी किसी पेशेवर खिलाड़ी के ग़लत व्यवहार की ख़बर छपती है, तो आम तौर पर वह घटना आधी रात के बाद होती है और ऐसी जगह पर होती है, जहाँ उस खिलाड़ी को नहीं होना चाहिए था।

लोगों की कोशिशों या उद्देश्यों का समर्थन करने से भी उन्हें पता चलता है कि हमें उनकी क्षमता में यक़ीन है। जो लोग सृजन और निर्माण करते हैं, वे ख़ुद में यक़ीन करते हैं। बहरहाल, उत्साह और जोश को चिंगारी देने के लिए उन्हें विश्वास करने वाले दूसरे लोगों की भी ज़रूरत पड़ती है, ख़ास तौर पर इसलिए क्योंकि दुनिया नकारात्मक व शंकालु लोगों से भरी हुई है। अपने फ़ाउंडेशन के माध्यम से हेलन और मेरे परोपकारी प्रयास "मुझे आपकी क्षमता में यक़ीन है" का ही संदेश देते हैं। जब भी हम या कोई अन्य दानदाता किसी प्रोजेक्ट में बड़ा दान देता है, तो यह किसी प्रचार अभियान से ज़्यादा तेज़ आवाज़ में बोलता है। वह दान समुदाय और अन्य संभावित दानदाताओं को यह संदेश भेजता है कि एक प्रतिष्ठित व्यक्ति इस प्रोजेक्ट में यक़ीन करता है, इसीलिए वह इसे वित्तीय समर्थन दे रहा है। जिस प्रोजेक्ट या संगठन को इस तरह का बड़ा विश्वास मिलता है, उसका उद्देश्य अचानक ज़्यादा प्रामाणिक बन जाता है। मेरा अनुभव बताता है कि जब-जब हेलन और मैंने किसी उद्देश्य में विश्वास जताया है, दूसरे दानदाता मदद करने के लिए हमेशा आगे आए हैं।

हमारे चर्च संप्रदाय ने एक सदी से भी ज़्यादा समय पहले रेहोबोथ की स्थापना की थी। रेहोबोथ न्यू मेक्सिको के ज़्यादातर स्थानीय अमेरिकी विद्यार्थियों के लिए बना ईसाई स्कूल है। यहाँ आम तौर पर कम आमदनी वाले ग़रीब परिवारों के विद्यार्थी पढ़ते हैं और यहाँ दी जाने वाली शिक्षा उनका आत्मविश्वास बढ़ाती है। इससे न सिर्फ़ उनका बौद्धिक, बल्कि भावनात्मक और आध्यात्मिक विकास भी होता है। ये ऐसे विद्यार्थी होते हैं, जिन्हें ईश्वर में, ख़ुद में और बेहतर जीवन हासिल करने की अपनी क्षमता में यक़ीन करने की ज़रूरत होती है। हेलन और मुझे कई सालों से इस परोपकारी काम में मदद करने का सौभाग्य मिला है। हम रेहोबोथ के नए खेल प्रशाल के लोकार्पण समारोह में शामिल होकर गौरवान्वित हुए, जिसे बनाने के लिए कई अन्य दानदाताओं के साथ हमने भी मदद की थी। हमने समारोह में अपनी मौजूदगी से इन विद्यार्थियों को यह जताया कि हम उनकी क्षमता में यक़ीन करते हैं। इससे हमने टीचर्स और स्टाफ़ के सामने भी यह प्रदर्शित किया कि हम उनके उद्देश्य में यक़ीन करते हैं।

"मुझे आपकी क्षमता में यक़ीन है" किसी समुदाय और इसके लोगों को

महानता की ओर भी प्रेरित कर सकता है। मैं हर मौक़े पर अपने समुदाय के लोगों को महान चीज़ें हासिल करने के लिए प्रेरित करता हूँ और आश्वासन देता हूँ, "मुझे आपकी क्षमता में यक़ीन है।" पिछले चालीस सालों में डाउनटाउन ग्रांड रैपिड्स का कायाकल्प हो चुका है। एक समय था, जब यहाँ के लोग डाउनटाउन छोड़कर जाने लगे थे, लेकिन आज यहाँ ऊँची-ऊँची इमारतों का सुंदर दृश्य दिखता है। मैंने इस प्रयास में सामुदायिक लीडर की भूमिका निभाई है और मुझे उम्मीद है कि मैंने इन सामुदायिक निर्माताओं को यह आश्वासन देकर उनकी मदद की है, "मुझे आपकी क्षमता में यक़ीन है।" जब भी मुझे किसी इमारत के लोकार्पण, किसी व्यावसायिक कार्यक्रम या किसी चंदा उगाहने वाले डिनर में भाषण देने के लिए आमंत्रित किया जाता है, तो मैं समुदाय के प्रति अपने शब्दों में यही संदेश भरने की कोशिश करता हूँ : "मुझे आपकी क्षमता में यक़ीन है।" मुझे आशा है कि घर लौटते समय वे इस विश्वास से प्रेरित हो जाते हैं कि वे सफल हो सकते हैं, कि उनका समुदाय अद्भुत है और वे एक महान राज्य तथा देश में रहते हैं। मैं चाहता हूँ कि उनमें से हर एक यह यक़ीन करे कि वह हमारी महानता में योगदान दे सकता है और हर व्यक्ति की भूमिका महत्त्वपूर्ण है।

मैंने पाया है कि अमेरिका के राष्ट्रपति को भी कई बार इस बारे में थोड़े प्रोत्साहन की ज़रूरत होती है कि लोगों को उनकी क्षमता में यक़ीन है। जेराल्ड फ़ोर्ड के राष्ट्रपतित्व काल में जब भी मैं वॉशिंगटन, डी.सी. में होता था, तो व्हाइट हाउस फ़ोन लगाकर पूछ लेता था कि क्या राष्ट्रपति महोदय के पास थोड़ी बातचीत का समय है। उनकी अपॉइंटमेंट्स सेक्रेटरी अक्सर मेरा उत्साह बढ़ाते हुए कहती थी, "वे आपसे मिलकर बहुत ख़ुश होंगे। उन्हें अपने गृहनगर के लोगों से मिलने की ज़रूरत है, ख़ास तौर पर ऐसे व्यक्ति से, जो किसी दान की तलाश में न हो।" अमेरिका के राष्ट्रपति के रूप में जेराल्ड फ़ोर्ड पर करोड़ों लोगों को प्रभावित करने वाले महत्त्वपूर्ण निर्णय लेने की ज़िम्मेदारी थी। मैं बस इतना ही कर सकता था कि कभी-कभार की मुलाक़ात में उन्हें यह जता दूँ कि मैं उनके साथ था और मुझे उनकी क्षमता में यक़ीन था। जब भी हमारे देश के हृदयक्षेत्र के लोग प्रमुख मुद्दों पर उनसे सहमत नज़र आते थे, तो मैं उन्हें यह बात बता देता था।

भले ही हमारे कंधों पर दुनिया या देश का भार न हो, लेकिन हम सबको

अपने रोज़मर्रा के कामों में प्रोत्साहन की ज़रूरत होती है। हमें किसी नियोक्ता या सहकर्मी द्वारा यह विश्वास जताए जाने की ज़रूरत होती है कि हम काम अच्छी तरह कर सकते हैं। मेरी कंपनी में हज़ारों लोग नौकरी करते हैं। सफल होने के लिए उन्हें लोगों और उनकी योग्यताओं में यक़ीन करने वाले माहौल में काम करने की ज़रूरत होती है। हाल ही में हमने स्टाफ़ के लिए एक मीटिंग आयोजित की थी, जिसमें हमारे नए फ़ूड एंड बैवरेज मैनेजर भी बोले। उन्होंने स्टाफ़ को अपनी पृष्ठभूमि के बारे में बताते हुए कहा कि वे अपने कैरियर में कैसे सफल हुए। उन्होंने बर्तन और कड़ाहियाँ धोने से अपना कैरियर शुरू किया था और मेहनत करते-करते अपने पेशे के शीर्षस्थ पदों में से एक पर पहुँच गए। बर्तन माँजते समय उन्हें यह जानने की ज़रूरत थी कि कोई उनकी क्षमता में यक़ीन करता है और उन्हें ख़ुद भी अपनी क्षमता में यक़ीन करने की ज़रूरत थी।

बर्तन माँजने और निचले पदों पर काम करने वाले कई लोगों में यक़ीन करना अक्सर बहुत लाभदायक होता है। अपने क्षेत्र के शीर्षस्थ लोगों की क्षमता में यक़ीन करना आसान होता है। लेकिन हम सबको उन लोगों में भी विश्वास जताना चाहिए, जिन्हें ऊपर उठाए जाने की ज़रूरत है। कई साल पहले एमवे ने म्यूचुअल ब्रॉडकास्टिंग सिस्टम ख़रीद लिया। हमने देर रात के एक टॉक शो के लिए लैरी किंग से अनुबंध किया। उस वक़्त लैरी फ़्लोरिडा में एक क्षेत्रीय शो चलाता था, लेकिन वह रेडियो से लगभग तीन साल से दूर था। हम उसे रेडियो की ओर लाने वाले शुरुआती लोगों में से थे। हमारा नेटवर्क चलाने वाले व्यक्ति ने फ़्लोरिडा में लैरी किंग के साथ काम किया था और उसके अनुसार वह सचमुच बहुत ही बढ़िया टॉक-शो होस्ट था।

उसने हमें बताया, “अगर आप उसे मौक़ा देना चाहें, तो मेरे पास एक विचार है। हम अपने रेडियो नेटवर्क पर रात भर का शो आयोजित कर सकते हैं, जो आधी रात को शुरू होकर सुबह पाँच बजे तक चले।” हमने लैरी से अनुबंध कर लिया और फ़ोन लाइनें खोल दीं - हमारे शो से पहले बहुत कम नेटवर्क्स ऐसा करते थे। लोग फ़ोन करने लगे और लैरी ने वह करना शुरू किया, जो उसका ट्रेडमार्क बन गया - टॉक-शो और इंटरव्यू शैली।

जब भी लैरी मुझे इस शो में अतिथि के रूप में बुलाता था, तो मैं ख़ुद को

सम्मानित महसूस करता था। वह मुझसे कहता था, "आ जाइए। हमें अपने शो में किसी कनज़र्वेटिव की ज़रूरत है। यहाँ बहुत सारे लिबरल्स तो आ जाते हैं, लेकिन कनज़र्वेटिव्ज़ नहीं आ पाते हैं। वे देर रात तक जागना नहीं चाहते हैं।" बाद में उसे बहुत शोहरत मिली, लेकिन वह कई सालों तक हमारे साथ रहा। लैरी किंग एक बेहतरीन इंसान है और मुझे अच्छा लगता है कि हमने उसे किसी प्रमुख रेडियो टॉक शो में पहला अवसर दिया और उसमें यक़ीन दिखाया।

ख़ुद में और दूसरों में यक़ीन करना आश्चर्यजनक मानवीय उपलब्धियों के लिए अनिवार्य है। यह उन उपलब्धियों के बारे में भी सही है, जिन्हें हम हर दिन देखते तो हैं, लेकिन हो सकता है कि अनदेखा कर देते हों। मिसाल के तौर पर, 2007 में मेरे गृह राज्य में मैकिनाक ब्रिज की पचासवीं सालगिरह का समारोह मनाया गया। पाँच मील लंबा यह पुल मिशिगन के निचले और ऊँचे प्रायद्वीपों के बीच मिशिगन और ह्यूरोन झील के जलडमरू पर बना है। निर्माताओं को विशाल सस्पेंशन ब्रिज के अपने डिज़ाइन में यक़ीन करना था, इंजीनियरों को यह यक़ीन करना था कि पुल तेज़ हवाओं और टनों भारी वाहनों का दबाव झेल सकता है, और मज़दूरों को यक़ीन करना था कि वे जो सीमेंट डाल रहे हैं और केबल कस रहे हैं, वह एक दिन उस पुल में बदल जाएँगे, जिसकी रूपरेखा उन्होंने ड्रॉइंग बोर्ड पर देखी थी। "विश्वास" नामक इस इकलौते लेकिन शक्तिशाली शब्द को समूचे अस्तित्व में सचमुच महसूस करने से सकारात्मक नज़रिया उत्पन्न होता है।

मैंने 1975 में *बिलीव!* में यह बात लिखी थी, जिसे मैं आज भी उतना ही महत्वपूर्ण मानता हूँ : "मुझे यक़ीन है कि दुनिया की सबसे प्रबल शक्तियों में से एक उन लोगों की इच्छाशक्ति है, जो ख़ुद में यक़ीन करते हैं, जो ऊँचे लक्ष्य तय करने की हिम्मत करते हैं, जो जीवन में मनचाही चीज़ों का आत्मविश्वास से पीछा करते हैं।" तो मैंने *बिलीव!* और हर भाषण में लोगों को यही संदेश देने का मिशन बना लिया, जिसका सार है : "मुझे आप पर यक़ीन है।" मैंने उन्हें बताया कि मैं असीमित क्षमता वाले ईश्वर में यक़ीन करता हूँ, जो लोगों को उनके सपने साकार करने की शक्ति देता है। जे और मुझे बहुत सी चुनौतियों का सामना करना पड़ा, लेकिन उनमें से किसी ने भी हमें कभी यक़ीन करने से नहीं रोका। अगर हम सभी नकारात्मक बातें कहने वाले और तार्किक कारण बताकर निरुत्साहित

करने वाले लोगों की बातें मान लेते, तो हमने कभी एयर सर्विस या ड्राइव-इन रेस्तराँ या एमवे शुरू करने की कोशिश ही नहीं की होती। ज़रा कल्पना करें कि उन लोगों के जीवन पर आपका क्या प्रभाव होगा, जिनसे आप कहते हैं, "मुझे आपकी क्षमता में यक़ीन है।" आप सिर्फ़ उनकी प्रशंसा नहीं कर रहे हैं या अच्छी तरह किए गए किसी काम या अतीत की उपलब्धियों पर उन्हें धन्यवाद नहीं दे रहे हैं। आप तो यह कह रहे हैं कि आपको उनकी इस योग्यता पर भरोसा है कि वे भविष्य में कोई महत्वपूर्ण चीज़ हासिल कर सकते हैं - भले ही यह ऐसी चीज़ हो, जिसे शायद उन्होंने पहले कभी न किया हो और भले ही उन्हें ख़ुद इसके बारे में शंका हो।

मैंने अपने एमवे डिस्ट्रिब्यूटर्स को असंख्य बार बताया है कि उनका मिशन लोगों को ऊपर उठाना है और इस मिशन का पहला बुनियादी सूत्र है लोगों में यक़ीन करना। जब जे और मुझसे पूछा जाता था कि हमारे बिज़नेस और इसके सिद्धांतों का विचार हमें कैसे सूझा, तो हम जवाब देते थे कि सब कुछ इस बुनियादी विश्वास से शुरू हुआ कि लोग महत्वपूर्ण होते हैं। जब हमने एमवे शुरू किया, तो रूढ़िवादी बुद्धिमत्ता कहती थी : "लोग काम नहीं करना चाहते हैं; वे आलसी और उदासीन हैं; वे तो बस सोशल सिक्युरिटी पर जीवन-यापन करना चाहते हैं या बेरोज़गारी भत्ता लेना चाहते हैं।" हम यह बात मानने को तैयार नहीं हुए। हमें यक़ीन था कि लोग अच्छे होते हैं और वे काम करना तथा आगे बढ़ना चाहते हैं। तब से मैंने ज़ोर देकर कहा है कि अगर किसी के ख़्याल से लोग ज़रा भी अच्छे नहीं होते हैं, तो उसके लिए बिज़नेस बनाना लगभग असंभव है।

जब नॉर्मन विन्सेंट पील को उनके कॉलेज के प्रोफ़ेसर ने ख़ुद में यक़ीन करने के लिए प्रोत्साहित किया, तो उन्होंने पील से यह विश्वास करने को भी कहा कि ईश्वर उनकी मदद करेगा। पील के अनुसार कॉलेज की सीढ़ियाँ उतरते समय वे नीचे से चौथी सीढ़ी पर रुक गए। सत्तर साल बाद भी उन्हें अच्छी तरह याद था कि वे उस वक़्त किस सीढ़ी पर थे और उन्होंने क्या प्रार्थना की थी। उन्होंने यह प्रार्थना की थी, "ईश्वर, आप शराबी की नशे की आदत छुड़वा सकते हैं; आप चोर को ईमानदार व्यक्ति में बदल सकते हैं। क्या आप मुझ जैसे उलझे हुए इंसान को सामान्य नहीं बना सकते ?" उन्होंने कहा था कि यह चमत्कारों के सिलसिले

की शुरुआत थी, जिससे वे ख़ुद में यक़ीन करने लगे और सकारात्मक चिंतक बन गए।

विश्वास का माहौल बनाने की योग्यता एक ऐसी दक्षता है, जिसकी हमें अपने वर्तमान लीडर्स में ज़रूरत है। जैसा मैंने कहा है, सकारात्मक बनना और सकारात्मक वाक्यों का इस्तेमाल सीखना लीडर्स के लिए ख़ास तौर पर महत्त्वपूर्ण है। हमें ऐसे लीडर्स की बहुत ज़रूरत है, जो यह जता सकें कि वे किसमें यक़ीन रखते हैं और फिर अपना विश्वास दूसरों तक पहुँचा सकें, ताकि वे उनके साथ जुड़ जाएँ। मेरे बारे में कुछ लोगों ने कहा है कि मैं प्रोडक्ट्स नहीं बेचता हूँ; मैं तो आपको ख़ुद में यक़ीन करने के लिए प्रेरित करता हूँ। शायद ऐसा इसलिए है, क्योंकि मैंने बहुत सारे लोगों को आत्मविश्वासी बनने का विकल्प चुनते देखा है। शुरुआत में तो उनमें अनिश्चितता और विश्वास की कमी होती है, लेकिन हर छोटी सफलता के बाद उनका यक़ीन बढ़ता जाता है। अंततः वे अपने भीतर ऐसी योग्यताओं और गुणों को खोज लेते हैं, जिनके अस्तित्व के बारे में वे पहले जानते भी नहीं थे।

विश्वास के मामले में हमें कोशिश करने की ज़रूरत पर भी ध्यान देना चाहिए। हम कभी नहीं जानते कि हम क्या हासिल कर सकते हैं, जब तक कि हम कोशिश करके अपने विश्वासों का इम्तिहान न लें। जीवन में मैंने बहुत-सी चीज़ों की कोशिश की और उनमें से ज़्यादातर कोशिशें कामयाब साबित हुईं, क्योंकि मैंने उन चीज़ों पर यक़ीन किया और कोशिश करने के लिए ख़ुद को समर्पित किया। 1987 में एक साथी याटमैन ने मुझसे अनुरोध किया कि मैं ऑस्ट्रेलिया से *अमेरिकाज़ कप* वापस लाने में न्यूयॉर्क याट क्लब की मदद करूँ। मैं *अमेरिका II सिंडिकेट* का को-चेयरमैन बन गया। (इस नाव का अमेरिका II नाम पहले वाली नाव *अमेरिका* पर रखा गया था, जिसने 1851 में इंग्लैंड में पहली बार कप जीता था।) एमवे भी टीम के तीन स्पॉन्सर्स में से एक था, इसलिए मेरा काफ़ी कुछ दाँव पर लगा था। हम जीत तो नहीं पाए, लेकिन पराजय के बावजूद मैंने एक सकारात्मक संदेश पहुँचाया। जब मीडिया ने मेरी प्रतिक्रिया जानना चाही, तो मैंने कहा, "अगर आप रेस में शामिल नहीं होंगे, तो कभी नहीं जीत पाएँगे। ज़िंदगी इसी तरह काम करती है। हालाँकि हम जीत नहीं पाए, लेकिन हमने हिस्सा लिया और प्रतिस्पर्धा की।"

मैंने ख़ुद को सफल होने का मौक़ा दिया और हार नहीं मानी, हालाँकि मैं रातोरात सफल नहीं हुआ। ख़ुद में यक़ीन करने का हमेशा यह मतलब नहीं होता कि आपके पास भविष्य-दृष्टि है। हमने एमवे बेसमेंट में शुरू किया। तब हम यह भी नहीं जानते थे कि हमारा पहला प्रोडक्ट कैसे बिकेगा। हम नहीं जानते थे कि हमारा सेल्स प्लान अंततः कैसे काम करेगा। हमने यह काम किसी बड़ी फ़ैक्ट्री से शुरू नहीं किया। लेकिन जब हमारे कुछ लोग थोड़ा सामान बेचने लगे और दूसरे लोगों को शामिल करने लगे, तो हमने अंततः 100X43 फ़ुट की इमारत बनाई। हमारी भविष्य-दृष्टि कितनी बड़ी थी! क्या हमने कभी सोचा था कि एमवे किसी दिन वृहद् बिज़नेस बनेगा? आप किसे धोखा दे रहे हैं? उस इमारत के लिए हमने चार एकड़ ज़मीन ख़रीदी थी। लेकिन हम सोच रहे थे कि दो एकड़ ज़मीन से ही हमारा काम चल जाएगा और बाक़ी की दो एकड़ ज़मीन का उपयोग हम पार्किंग के लिए कर लेंगे।

सबक़ यह है, आप कोशिश कर सकते हैं या रो सकते हैं। पिताजी ने मुझे कभी "नहीं कर सकता" कहने नहीं दिया। "नहीं कर सकता" का विपरीत है "कोशिश करना।" जब आप अपनी क्षमता में यक़ीन करते हैं, तो आप कल्पना कर सकते हैं कि आपके भीतर किस तरह का व्यक्ति बनने की क्षमता है। आप ख़ुद को अपने लक्ष्य हासिल करने के प्रति पूरी तरह झोंक सकते हैं, बशर्ते आप रोने की आदत छोड़ दें और उस चीज़ में पूरी तरह यक़ीन करने लगें, जो आप कर सकते हैं। इससे आपमें इतना आत्मविश्वास आ जाएगा कि आप दूसरों को उनमें विश्वास करने के लिए भी प्रेरित कर सकते हैं। "मुझे आपकी क्षमता में यक़ीन है" एक ऐसा प्रेरक वाक्य है, जिसका प्रयोग लीडर्स को करना चाहिए। यह वाक्य माता-पिताओं को अपने बच्चों या नाती-पोतों से कहना चाहिए। मुश्किल दौर से गुज़रने वाले ज़रूरतमंद दोस्त से कहा जाना चाहिए। टीचर्स को विद्यार्थियों से और नियोक्ताओं को कर्मचारियों से कहना चाहिए।

हम स्वयं में और एक-दूसरे पर यक़ीन करने का चेतन निर्णय लेकर अपने समुदाय और देश को सकारात्मक दिशा में ले जा सकते हैं। मुझे विश्वास है कि अमेरिका दुनिया का महानतम देश है और हमारा भविष्य इस बात पर निर्भर करता है कि सभी अमेरिकी इसी बात पर विश्वास करें। हम जो कर रहे हैं, हमें

उस काम में यक़ीन करने की ज़रूरत है, वरना हमें दूसरा काम खोज लेना चाहिए। हमें विश्वास करना होगा कि हमारा देश हमारे सपनों को हासिल करने की असीमित संभावना प्रदान करता है। और फिर इसके बाद हमें लक्ष्यों का पीछा करना चाहिए।

नॉर्मन विन्सेंट पील के जीवन में नीचे से चौथी पायदान पर चमत्कारी परिवर्तन आया, जो उन्हें सत्तर साल बाद भी याद था। चूँकि उनकी नई स्थिति ने उन्हें इतना ख़ुश बना दिया, इसलिए वे दुखी लोगों के बारे में चिंतित थे और उन्होंने पुस्तकों तथा भाषणों के माध्यम से सकारात्मक संदेश देने के प्रति अपना पूरा जीवन समर्पित कर दिया। वे विश्वासी बन गए और उन्होंने दोबारा कभी शंका नहीं की। आपको नॉर्मन विन्सेंट पील बनने की ज़रूरत नहीं है। बस इतना भर सोच लें कि आप किसे नई दिशा में ले जा सकते हैं। इसके लिए आपको अपने कार्यों से उसे सिर्फ़ यह दिखाना होगा कि आप उसकी क्षमता में यक़ीन करते हैं या फिर आपको इस सशक्त वाक्य का प्रयोग करना सीखना होगा, "मुझे आपकी क्षमता में यक़ीन है।"

5
“मुझे आप पर गर्व है”

हर दादा-नाना की तरह मुझे भी हमेशा अपने नाती-पोतों को खेलते देखना अच्छा लगता है। किसी दिन बच्चे पहला क़दम बढ़ाने की कोशिश कर रहे होते हैं और हमें पता चलने से पहले ही वे अपने बढ़ते शरीर के मालिक बनकर दौड़ने और कूदने लगते हैं, साइकल चलाने लगते हैं, बेसबॉल खेलने लगते हैं, स्विमिंग पूल में गोताख़ोरी करने लगते हैं और मंच पर अभिनय करने लगते हैं।

मैं अपने पोते-पोतियों को खेलते देखता था। ज़ाहिर है, वे मेरा ध्यान और प्रशंसा पाने की कोशिश करते रहते थे। बरसों पहले स्विमिंग पूल के सामने खड़े-खड़े मैंने अचानक इस बात पर ग़ौर किया कि जब भी उनमें से कोई गोता लगाता था या कोई कमाल दिखाता था, तो वह चिल्लाकर कहता था, "दादाजी, मुझे देखो!" जब वे एक-दूसरे से आगे निकलने की कोशिश करते थे, तो वे मेरी तरफ़ सिर घुमाकर तसल्ली कर लेते थे कि मैं देख तो रहा हूँ।

"मुझे देखो!" बच्चों के मन में तमन्ना होती है कि उनके प्रियजन उन्हें देखें और मुस्कान या तारीफ़ों से उन्हें प्रोत्साहित करें। थोड़े बड़े होने के बाद उनकी यह ख़्वाहिश होती है कि माता-पिता और दादा-दादी उन्हें अच्छे ग्रेड लाते, खेलते, बैंड में गाते-बजाते, नाटकों में अभिनय करते और कॉलेज जाते देखें। आपने अपने बच्चों और नाती-पोतों के मामले में इस बात पर ज़रूर ग़ौर किया होगा। शायद हम अपने बच्चों से "मैं तुमसे प्यार करता हूँ" के बाद जो सबसे शक्तिशाली वाक्य कह सकते हैं, वह है "मुझे आप पर गर्व है।"

"मुझे देखो" सिर्फ़ बच्चे ही नहीं कहते हैं। बचपन की "मुझे देखो" की तमन्ना ज़िंदगी भर हमारे साथ चलती है - एक मानवीय आवश्यकता कि वे लोग हमें

मान्यता और प्रशंसा दें, जो हमारे लिए सबसे ज़्यादा महत्त्वपूर्ण हैं। सरल भाषा में कहा जाए, तो हम महसूस करना चाहते हैं कि उन्हें हम पर गर्व है। दरअसल ज़िंदगी भर हम प्रशंसा की हसरत रखते हैं। ख़ुद पर गर्व करने का अधिकार अर्जित करने के लिए हम कड़ी मेहनत करते हैं। हालाँकि अपनी उपलब्धियों पर गर्व करना अद्‍भुत है, लेकिन हमारा यह गर्व कई गुना बढ़ जाता है, जब दूसरे हमारे सामने यह घोषणा करते हैं, "मुझे आप पर गर्व है।"

शिकागो के पास स्थित विलो क्रीक कम्युनिटी चर्च के संस्थापक और सीनियर पास्टर बिल हाइबेल्स ने कई ईसाई पुस्तकें लिखी हैं। मुझे उन्हें जानने का सौभाग्य मिला था। नाव पर आनंददायक दोपहर बिताते समय वे मुझे चर्च की सारी सकारात्मक ऊर्जा और गतिविधियों के बारे में बताते थे। यात्रा के बाद घर लौटकर मैं पल भर का समय निकालकर उन्हें चिट्‌ठी लिखकर बता देता था कि मुझे उन पर कितना गर्व है। उन्होंने बाद में मुझे बताया कि वे मेरी चिट्‌ठियाँ कई हफ़्तों तक सँभालकर रखते थे। ज़रा इस बात की कल्पना करें! देश भर के मिलियनों लोग उनके प्रशंसक थे, लेकिन इसके बावजूद मेरे प्रोत्साहन की एक पंक्ति उनके दिल को छू जाती थी।

मेरी पत्नी हेलन को 2007 में ग्रांड रैपिड्‌स सिम्फ़नी ने लाइफ़टाइम एचीवमेंट अवॉर्ड दिया। हेलन ने एक उत्कृष्ट ऑर्केस्ट्रा बनाने में बरसों तक स्वेच्छा से मदद की और हमारे समुदाय को संगीत का तोहफ़ा दिया। बच्चों और मैंने उस कार्यक्रम के विज्ञापन ख़रीदे, जिसमें हमने सिर्फ़ ये सरल शब्द लिखे, "हमें आप पर गर्व है।" हेलन को सिम्फ़नी से जुड़े काम के लिए किसी भुगतान या मुआवज़े की ज़रूरत नहीं थी। उसने स्वेच्छा से मदद की थी, क्योंकि वह संगीत और अपने समुदाय से प्रेम करती है। लेकिन मैं जानता हूँ कि परिवार के सदस्यों की प्रशंसा के कुछ प्रेमपूर्ण शब्द उसे बेशक़ीमती लगेंगे।

ज़्यादातर लोगों की कड़ी मेहनत के पीछे उनकी यह सरल इच्छा होती है कि उन्हें अपने पेशे में सर्वश्रेष्ठ माना जाए, ज़्यादा प्रभावी पद दिया जाए, पुरस्कार दिया जाए या अख़बार में उनका नाम छपे। हर व्यक्ति अपनी पीठ पर धौल पसंद करता है, "अरे वाह!" या "तुमने तो कमाल कर दिया!" मैंने बिज़नेस में जल्दी ही उपलब्धि पहचानने की शक्ति सीख ली। साथ ही मैंने यह भी सीखा कि अगर

उपलब्धि को पहचाना न जाए, तो यह कितनी जल्दी प्रोत्साहन का गला घोंट सकती है। सिर्फ़ संत ही लंबे समय तक गुमनामी में मेहनत करते हैं। जब आप दूसरों के जीवन में सकारात्मक चीज़ें खोजना सीख जाएँगे, तो आप उन्हें आसानी से बता पाएँगे कि आपको उन पर गर्व है। ईश्वर ने हर इंसान को अनूठा बनाया है, जिसके अनूठे गुण और सपने हैं। उसने हममें से हर एक में यह जागरूकता भरी है कि हम ख़ास हैं और किसी ख़ास उद्‌देश्य के लिए इस धरती पर आए हैं। सम्मान सर्वश्रेष्ठ प्रदर्शन करने की हमारी ईश्वर-प्रदत्त इच्छा को प्रोत्साहित करता है। इसका यह मतलब नहीं है कि हमें घमंडी बन जाना चाहिए या इस कहावत को भूल जाना चाहिए कि पतन से पहले अहंकार आता है। हमें तो बाइबल में बताई इस बात पर ख़ुशी-ख़ुशी गर्व करना चाहिए कि हमें "अद्‌भुत रूप से बनाया गया है" और हम अद्‌भुत चीज़ें हासिल करने में सक्षम हैं।

मैंने 1959 में जे वैन एन्डल के साथ जो बिज़नेस शुरू किया था, वह बहुत सरल था। लोग अपना ख़ुद का एमवे बिज़नेस शुरू कर सकते थे और सिर्फ़ अपने परिचितों को प्रोडक्ट्स बेचकर कमाई कर सकते थे। इसके अलावा वे उन लोगों की बिक्री से भी कमाई कर सकते थे, जिन्हें वे स्पॉन्सर करते थे। साइन करने वालों को एक किट मिलती थी, जिसमें प्रोडक्ट्स और शुरुआती आवश्यक निर्देश रहते थे। एमवे लोगों से संबंधित व्यवसाय है और लोगों को सफल होने के लिए सम्मान की ज़रूरत होती है। इसलिए हमने अपने बिज़नेस में सफल लोगों के लिए उपलब्धि और अवसर के कई स्तर बनाए। हमने सेल्स मीटिंग्स में लोगों को मंच पर उनके समकक्षों के सामने सम्मानित करने की परंपरा डाली। हमारे बिज़नेस में हमने ऐसी विधि का इस्तेमाल किया, ताकि लोग संगठन के दूसरे लोगों से कह सकें, "मुझे देखो।" और जिन लोगों का वे सम्मान और प्रशंसा करते थे, उनकी अभिव्यक्ति का तरीक़ा भी तय था, "मुझे आप पर गर्व है।"

क्या यह दमदार तरीक़ा है? मैंने हज़ारों लोगों को उनके सपनों से परे सफलता हासिल करते देखा है और इस अनुभव के आधार पर मैं तो यही कहूँगा कि इससे ज़िंदगी बदल जाती है। "मुझे आप पर गर्व है" में सिर्फ़ सफलता को पहचानने की शक्ति ही नहीं है। इस छोटे से वाक्य में तो घनीभूत शक्ति है - यह लोगों को प्रोत्साहित करने वाला बूस्टर डोज़ है, जिसकी बदौलत वे उससे

ज़्यादा हासिल कर जाते हैं, जिसे वे अपने लिए संभव मानते थे। इसी वजह से जे और मैंने हमारे बिज़नेस को सम्मान की बुनियाद पर बनाया। हमने दरअसल कंपनी की बुनियाद में सम्मान और पुरस्कार दोनों को शामिल किया, क्योंकि हम यह बात सीख चुके थे कि सिर्फ़ पुरस्कार में ही इतनी शक्ति नहीं होती है कि यह लोगों को उनकी पूरी क्षमता तक पहुँचने और सपनों को हासिल करने की प्रेरणा दे सके। हमारे पास दो ठोस स्तंभ थे : वित्तीय पुरस्कारों के स्तर और सम्मान के स्तर, जिनके प्रतीक मूल्यवान रत्न थे, जैसे पर्ल (मोती), एमेराल्ड (पन्ना) और डायमंड (हीरा)। अब बहुत से लोग सोच सकते हैं कि रत्नों के प्रतीक महत्त्वहीन हैं और असली प्रेरणा तो वित्तीय पुरस्कार से ही मिलती होगी - पैसे के पीछे जाना, मकान और कार ख़रीदना। पर्ल या डायमंड पिन हासिल करने के लिए कौन कड़ी मेहनत करना चाहेगा ?

लेकिन हमने पाया है कि डायमंड स्तर हासिल करने की प्रतिष्ठा भी लोगों को सफलता की प्रेरणा देने के लिए उतनी ही महत्वपूर्ण थी - कई बार तो यह ज़्यादा महत्वपूर्ण था। हमारे बिज़नेस में डायमंड्स के फ़ोटो कंपनी की पत्रिका में प्रकाशित होते हैं और उन्हें उनके हज़ारों साथियों के समक्ष मंच पर सम्मानित किया जाता है। सम्मान समारोह में मिला सम्मान, उनके साथियों की तालियाँ और उनके लीडर्स की बधाइयाँ एक व्यापक अंदाज़ में बहुत शक्तिशाली संदेश देती हैं : "मुझे आप पर गर्व है।"

मेरी तीसरी पुस्तक *होप फ़्रॉम माई हार्ट : टेन लेसन्स फ़ॉर लाइफ़* लिखने के बाद मेरे मन में विचार आया कि मैं इस पुस्तक का इस्तेमाल उन लोगों को सम्मान देने के लिए करूँ, जिनके कामों से दूसरों को आशा मिलती है। जब भी अख़बार में किसी स्थानीय व्यक्ति की प्रेरक उपलब्धि की ख़बर छपती थी या कोई स्वयंसेवी अपने काम से हमारे समुदाय में फ़र्क़ लाता था, तो मैं उसे एक चिट्ठी के साथ अपनी पुस्तक भेज देता था। मेरी चिट्ठी में बधाई के साथ यह लिखा होता था कि हम दोनों में समानता है, क्योंकि हम दोनों ही दूसरों को आशा देने की कोशिश कर रहे हैं। मुझे उनमें से बहुत से लोगों के जवाबी पत्र मिले, जिनमें वे पुस्तक के लिए धन्यवाद देते हुए लिखते थे कि वे मेरा पत्र किसी सम्मानित जगह पर रखने की योजना बना रहे हैं।

इस पुस्तक में बताए गए सभी शक्तिशाली वाक्यों के संदर्भ में मैं इस बात पर ज़ोर देना चाहूँगा कि उन्हें बोलचाल में इस्तेमाल करने के साथ-साथ आपको उन्हें अपने लिखित संप्रेषण में भी शामिल करना चाहिए। चिट्ठी लिखने में बस एक मिनट का समय लगता है। लेकिन इससे ज़बर्दस्त प्रेरणा और प्रोत्साहन मिलता है। मैंने अपनी लिखी संक्षिप्त चिट्ठियाँ लोगों के फ्रिज और दीवारों पर जड़ी देखी हैं। यह इस शक्तिशाली वाक्य की ही शक्ति की मिसाल है : "मुझे आप पर गर्व है।" लिखित रूप में इस वाक्य की शक्ति और बढ़ जाती है। बरसों पहले जब लोग सीडी (कॉम्पैक्ट डिस्क) से ईमेल जैसे नए डिजिटल आविष्कार अपनाने के लिए भाग रहे थे, तो मैंने कहा था कि मैं डिजिटल कम, एनालॉग ज़्यादा हूँ। मैं डायल घुमाने वाले टेलीफ़ोन का इस्तेमाल करते-करते बड़ा हुआ हूँ। तब चिप के बजाय ट्यूब से भरे रेडियो होते थे और डाक "कछुए" की चाल चलती थी। मैं ईमेल की गति और सुविधा का महत्व समझता हूँ। लेकिन काग़ज़ पर हाथ से लिखी चिट्ठी जितनी अच्छी तरह धन्यवाद या परवाह व्यक्त करती है, उसका कोई सानी नहीं। जब हाथ से लिखे पते वाले लिफ़ाफ़े में हाथ से लिखी चिट्ठी रखी हो और उसे डाक के डिब्बे में डाला गया हो, तो उसका प्रभाव बहुत बढ़ जाता है। याद करें कि आपको कैसा महसूस हुआ था, जब आख़िरी बार आपको हाथ से पता लिखा लिफ़ाफ़ा मिला था और खोलने पर आपको उसके भीतर धन्यवाद या बधाई का कार्ड मिला था? मुझे यक़ीन है कि सबसे महत्वपूर्ण और व्यस्त हाथ से लिखा एक्ज़ीक्यूटिव भी, जिसके पास हर दिन ईमेल्स और अन्य बिज़नेस मेल्स की बाढ़ आती है, ऐसे कार्ड को खोलने के लिए एकबारगी ठहर जाएगा।

चूँकि मैं बहुत यात्राएँ करता हूँ, इसलिए निजी विमानों से यात्रा करना मेरे लिए ज़्यादा व्यावहारिक होता है। इस वजह से मुझे दोस्तों को भी अपने विमान में लिफ़्ट देने का मौक़ा मिलता है। बारबरा बुश ने जब भी मेरे हवाई जहाज़ में यात्रा की है, हमेशा हाथ से धन्यवाद की चिट्ठी लिखकर भेजी है। बारबरा को चिट्ठियाँ लिखना पसंद है। मैं इस बात और उनकी लिखी चिट्ठियों का क़ायल हूँ। उनके बेटे जॉर्ज डब्ल्यू. बुश भी ऐसा ही करते हैं। कई साल पहले जब एमवे जैसे बिज़नेस को ग़लत समझा जा रहा था, तो मुझे *फिल डोनाह्यू शो* में बतौर

अतिथि आमंत्रित किया गया। मि. डोनाह्यू और उनके कुछ श्रोता मेरे और इस बिज़नेस के आलोचक थे। पूरी तैयारी से आए पेशेवर मेज़बान (host) और विरोधी समुदाय ने राष्ट्रीय टेलीविज़न पर मुझे घेर लिया। उन्होंने दनादन गोलियों की तरह सवालों की बौछार की और मैंने यथासंभव सर्वश्रेष्ठ ढंग से उसका सामना किया। शो के बाद जब हम यह विश्लेषण कर रहे थे कि मैंने कैसी छाप छोड़ी और एमवे तथा हमारे डिस्ट्रिब्यूटर्स का कैसा पक्ष रखा, तो मुझे बारबरा बुश की चिट्ठी मिली, जिसमें यह सरल संदेश लिखा था : "डेवॉस 10, डोनाह्यू 0"। आप कल्पना कर सकते हैं कि इससे मेरा मनोबल कितना बढ़ गया होगा! "मुझे आप पर गर्व है" का इससे बेहतर संप्रेषण क्या हो सकता है!

चूँकि लिखने से इन सरल वाक्यों की शक्ति बढ़ जाती है, इसलिए पत्र या नोट में उन्हें भेजने की अतिरिक्त मेहनत मायने रखती है। वैसे भी छोटी सी चिट्ठी लिखने में ज़्यादा समय नहीं लगता है। मैं आपको सलाह देता हूँ कि आप डाक टिकट लगे ढेर सारे कोरे नोट कार्ड या थैंक यू कार्ड तैयार रखें। आपको कवि होने या लंबी-चौड़ी चिट्ठी लिखने की कोई ज़रूरत नहीं है। बस दिल से निकली एक भावना की ही ज़रूरत है, जो एक छोटे कार्ड में समा सके। इस तरह अगली बार जब आप किसी ख़ास व्यक्ति को धन्यवाद देने के बारे में सोचेंगे, तो आप तत्काल और आसानी से अपने विचार पर अमल कर सकते हैं। इस तरह आप उन लोगों को सम्मान देना सुनिश्चित कर सकते हैं, जिन्होंने बेहतरीन काम किया, या जिन्हें प्रोत्साहन के शब्दों की ज़रूरत है या जिन्हें बस यह जानने की ज़रूरत है कि कोई उनके बारे में सोच रहा है। मुझे यक़ीन है कि हम सभी यह छोटा सा निवेश कर सकते हैं, क्योंकि इसके परिणाम बहुत ज़बर्दस्त हो सकते हैं।

हम सभी को "मुझे आप पर गर्व है" के उत्साहवर्धक संदेशों की ज़रूरत होती है - चाहे ये शब्दों में हों या चिट्ठी या कर्मों में। इस बात से फ़र्क़ नहीं पड़ता है कि हम जीवन या बिज़नेस की शुरुआती अवस्था में हैं और अपना आत्मविश्वास बनाने की कोशिश कर रहे हैं या फिर शिखर पर पहुँच चुके हैं। हमें बचपन में अपने माता-पिता से यह सुनने की ज़रूरत थी। विद्यार्थी के रूप में हम अपने शिक्षकों और कोच से यह सुनना चाहते थे। और अब वयस्क होने के बाद भी हमें सहकर्मियों तथा अधिकारियों से इस प्रोत्साहन की ज़रूरत होती है।

मैंने सैकड़ों भाषण दिए हैं। मुझसे अक्सर श्रोताओं को प्रेरित और प्रोत्साहित करने वाले भाषण देने के लिए कहा जाता है और मुझे इस सम्मान पर गर्व होता है। वक्ता के रूप में अपने शुरुआती दिनों में मैं हर भाषण के बाद हेलन से पूछता था कि उसे मेरा भाषण कैसा लगा। मैं उस व्यक्ति से प्रशंसा पाना चाहता था, जो मेरे जीवन में सबसे ज़्यादा मायने रखती थी। हेलन खुले मन से वह प्रशंसा कर देती थी, जिसकी मुझे ज़रूरत थी। लेकिन मुझे याद है कि शुरुआती दिनों में मैं उससे अपने प्रदर्शन के बारे में बार-बार पूछता था - हमेशा थोड़ी ज़्यादा प्रशंसा सुनने के चक्कर में; क्योंकि अगर हेलन को मुझ पर गर्व था, तो यह मेरे लिए श्रोताओं की ज़ोरदार तालियों से ज़्यादा महत्वपूर्ण था।

"मुझे आप पर गर्व है" ख़ास तौर पर उन लोगों का मनोबल बढ़ाता है, जो सामान्यतः जीवन के पुरस्कार या सम्मान नहीं जीत पाते हैं, जिन्हें अपनी क़ाबिलियत पर संदेह होता है और गर्व करने लायक़ कोई चीज़ खोजने में मुश्किल आती है। इसलिए माता-पिता, शिक्षकों और नियोक्ताओं के लिए यह कहना दोगुना महत्वपूर्ण हो जाता है : "मुझे आप पर गर्व है।" मैं यह अपने ख़ुद के अनुभव से बोल रहा हूँ। स्कूली जीवन में विद्यार्थी के रूप में मुझे कभी सम्मान नहीं मिला। यही नहीं, मेरे पिता ने क्रिश्चियन हाई स्कूल की फ़ीस देने से इंकार कर दिया, क्योंकि मैं मस्ती करता था और पढ़ाई पर ध्यान नहीं देता था। मेरी लेटिन टीचर ने मुझे इस शर्त पर डी ग्रेड दिया था कि मैं अगली क्लास में उनका विषय छोड़ दूँगा। मैंने अंततः बेहतर ग्रेड्स के लिए मेहनत करने का फ़ैसला किया, लेकिन इसके बावजूद मुझे हर विषय में ए ग्रेड नहीं मिला। मैंने एक बार हाई स्कूल के विद्यार्थियों के सामने दीक्षांत समारोह भाषण में यह बात खुलकर स्वीकार भी की थी। उनमें से कई विद्यार्थी मेरिट में आए थे या उन्हें राष्ट्रीय पुरस्कार मिले थे। जलसे में आधी से ज़्यादा क्लास को रंगीन रिबन्स से सम्मानित किया गया था, जो उनके गले में शैक्षणिक पुरस्कारों के रूप में लटक रही थीं। उस दिन शायद उन्होंने अपने माता-पिता और शिक्षकों से कई बार "मुझे आप पर गर्व है" सुना होगा।

यह देखकर मुझे लगा कि शायद अपना ध्यान उन विद्यार्थियों पर केंद्रित करना ज़्यादा महत्वपूर्ण होगा, जिन्हें यह सम्मान नहीं मिला था। इस बात की बहुत

कम संभावना थी कि उन्होंने अपने उत्तीर्ण होने के अवसर पर "मुझे आप पर गर्व है" जैसे शक्तिशाली शब्द सुने होंगे। मेरिट में आने वाले विद्यार्थियों को पुरस्कार लेते देखते समय उन्हें संभवतः महसूस हो रहा होगा कि वे सिर्फ़ एक संख्या हैं। मैंने उन्हें यह बताकर प्रोत्साहित किया कि हाई स्कूल में उत्तीर्ण होने वाला हर विद्यार्थी ईश्वर के साम्राज्य के लिए महान काम कर सकता है। मुझे उम्मीद है कि मेरे प्रेरक शब्दों ने उन्हें हाई स्कूल से इस विचार के साथ भेजा होगा कि दुनिया में उनके लिए अपार संभावना है और उनमें भी ऐसे गुण हैं, जिनकी बदौलत वे अपने सपने साकार कर सकते हैं।

युवा लोग इस तरह के प्रोत्साहन को ज़िंदगी भर याद रखते हैं। मेरे बेटे डग को मेरे प्रोत्साहन के सरल शब्द आज तक याद हैं, जिनसे उसे प्राइमरी स्कूल में काफ़ी मदद मिली थी। एक दिन मैं कार से उसे स्कूल छोड़ने जा रहा था। रास्ते में उसने बताया कि उसे दोस्त बनाने में दिक़्क़त आती है। मैंने उसे प्रोत्साहित करते हुए कहा कि वह ख़ुश रहने की आदत डाल ले। मेरे शब्द थे, "लोग ख़ुश लोगों के आस-पास रहना चाहते हैं।" डग को याद है कि जब वह स्कूल में कार से उतरा था, तो मैंने पीछे से चिल्लाकर कहा था, "मि. हैप्पी, जाकर दोस्त बनाओ!"

डग अब बड़ा हो चुका है, उसकी शादी हो चुकी है और चार बच्चे भी हो चुके हैं, लेकिन स्कूल की वह घटना और मेरे प्रोत्साहन के शब्द वह आज तक नहीं भूला है। दरअसल यह परंपरा आज भी क़ायम है। डग की एक बेटी हाई स्कूल फ़्रेशमैन फ़ुटबॉल टीम में प्लेसकिकर है - वह उन चुनिंदा लड़कियों में से है, जो लड़कों की हाई स्कूल टीम में खेली हैं। मुझे उसके मैच देखने और उसका उत्साह बढ़ाने में बड़ा मज़ा आता है। एक लड़की के लिए लड़कों की फ़ुटबॉल टीम में अपना हुनर आज़माने के लिए बहुत दिलेरी और आत्मविश्वास की ज़रूरत होती है - जो उसके माता-पिता के उत्साहवर्धक शब्दों की परवरिश से ही मिला होगा।

बड़े होते समय हेलन को इसका विपरीत अनुभव हुआ था। उसकी माँ सबसे बुरी आशंका से डरने के कारण उसे साइकल नहीं चलाने देती थीं और तैरने भी नहीं देती थीं। उसके परिवार ने अटलांटिक महासागर के पास कई गर्मियाँ गुज़ारीं। मिशिगन लेक के क़रीब ही उनका घर था, इसलिए हेलन के पास तैरने के बहुत

से अवसर थे, लेकिन उसकी माँ उसे किनारे के क़रीब ही रखती थीं। मेरे प्रोत्साहन के बाद हेलन अब भी तैराक तो नहीं बनी है, लेकिन उसने लाइफ़ जैकेट पहनकर स्नोर्कल करना सीख लिया है। उसके बचपन के अनुभव को जानते हुए यह देखना अद्‌भुत है कि वह दुनिया भर की नदियों और समुद्रों में स्नोर्कल का आनंद लेती है। प्रियजनों के सामने गर्व का इज़हार करके उनका उत्साह बढ़ाने से वे समुद्र तट से आगे निकल जाते हैं और गहराइयों को टटोलने लगते हैं।

क्या कुछ सरल शब्दों में सकारात्मक प्रभाव डालने की शक्ति होती है ? अपने बच्चों को यह बताएँ कि आपको उन पर गर्व है और ख़ुद देख लें। "मुझे आप पर गर्व है" वाक्य सबसे शक्तिशाली तब होता है, जब इसे सार्वजनिक रूप से उन लोगों के सामने बोला जाए, जिनका वे सम्मान और प्रशंसा करते हों - उनके माता-पिता, दोस्त, टीचर्स, सुपरवाइज़र्स या सम्मानित सहकर्मी। मुझे एक बार डिनर पर न्यूयॉर्क सिटी के विश्वविख्यात ब्रेन सर्जन के साथ बातचीत करने का सौभाग्य मिला, जो ग्रांड रैपिड्स में हेलन डेवॉस चिल्ड्रन्स हॉस्पिटल में व्याख्यान देने आए थे। उन्होंने अस्पताल के लिए मुझे बधाई देते हुए कहा, "कुछ सालों में आप देश भर के सर्वश्रेष्ठ और प्रतिभाशाली डॉक्टरों को आकर्षित कर लेंगे।" मैंने जवाब दिया, "आस-पास ग़ौर से देखें। बहुत से सर्वश्रेष्ठ और प्रतिभाशाली डॉक्टर तो पहले से ही यहाँ पर हैं।"

बरसों बाद हमारे पीडिएट्रिक हीमेटोलॉजी और ऑन्कोलॉजी विभाग के प्रमुख ने मुझे बताया कि उन्होंने पास वाली टेबल से हमारी बातचीत सुन ली थी। मेरे गर्व भरे शब्दों से जैसे उनका सीना गर्व से चौड़ा हो गया। उन्हें डॉक्टरों की प्रतिभाशाली टीम पर गर्व था और उनके पेशे के एक सम्मानित सदस्य के सामने मेरे गर्व का इज़हार सुनने भर से ही वे तहेदिल से शुक्रगुज़ार हो गए।

इस तरह के प्रसंग मेरे दिल को छू जाते हैं। मैं जीवन में चियरलीडर बनना चाहता हूँ, क्योंकि दुर्भाग्य से हम सभी के आस-पास ऐसे बहुत से लोग होते हैं, जो इसकी विपरीत दिशा में काम करते हैं : जो बनाने के बजाय उखाड़ने में लगे रहते हैं। इसीलिए हमें असीमित क्षमता में यक़ीन करना चाहिए और दूसरों को भी ऐसा ही करने के लिए प्रोत्साहित करना चाहिए। वे यह कैसे जान पाएँगे कि वह तस्वीर को पेंट कर सकते हैं, वह बिज़नेस चला सकते हैं, वह प्रोडक्ट बेच

सकते हैं, वह पुस्तक लिख सकते हैं, वह डिग्री हासिल कर सकते हैं, वह पद पा सकते हैं, वह भाषण दे सकते हैं, वह मैच जीत सकते हैं – जब तक कि वे उसकी कोशिश न करें ? उत्कृष्ट काम करने वाले व्यक्ति से "मुझे आप पर गर्व है" कहने में आरामदेह महसूस करना चाहिए। यह तो इंसान की गरिमा का सम्मान करना है। लोग कहते हैं कि मैं राष्ट्रपति से लेकर पार्किंग लॉट के अटेंडेंट्स तक हर व्यक्ति से जुड़ सकता हूँ। मुझे इस बात पर गर्व है। मेरे पिता इलेक्ट्रिशियन थे और बड़ी मंदी के दौरान बेरोज़गार हो गए थे। लेकिन इसका यह मतलब नहीं है कि मुझे उन पर गर्व नहीं है। उन्होंने मेरी बहनों और मुझे पालने के लिए कड़ी मेहनत की थी और मुझे बिज़नेस मालिक बनने के लिए प्रोत्साहित किया था।

कई साल पहले मैं वोकेशनल एज्युकेशन पर एक सिम्पोज़ियम में हिस्सा ले रहा था। मेरे साथ कई लोग थे, जिनके पास डॉक्टरेट की उपाधियाँ और बरसों का शैक्षणिक अनुभव था। वे बेरोज़गार श्रमिकों के बारे में इस तरह की टिप्पणियाँ कर रहे थे, "शायद हम कम से कम उसे एक अच्छा कारपेंटर तो बना ही सकते हैं," या, "देखिए, वह सिर्फ़ प्लंबर ही रहेगा, लेकिन ..." उस शाम मुझे भी भाषण देना था। इसलिए मुझे इन लोगों को यह याद दिलाने का मौक़ा मिल गया कि वे अपने पीएच.डी. के टॉवर से नीचे देख रहे हैं और इन ग़रीब लोगों के लिए समाज में जगह खोजने की कोशिश कर रहे हैं, जो उनकी राय में कॉलेज जाने लायक़ प्रतिभाशाली नहीं थे।

मैं नहीं मानता कि कोई *सिर्फ़* मैकेनिक होता है, *सिर्फ़* सेल्समैन होता है, *सिर्फ़* कचरा उठाने वाला होता है या *सिर्फ़* कुछ भी होता है। हममें से हर व्यक्ति गरिमामय इंसान है, जिसे ईश्वर ने ख़ुद अपनी छवि में रचा है और हम ईश्वर के दिए गुणों का प्रयोग समाज में अपना अनूठा योगदान देने के लिए करते हैं। सम्मान ही कुंजी है। और उस सम्मान के साथ हम हर अच्छा काम करने वाले व्यक्ति से कह सकते हैं : "मुझे आप पर गर्व है।"

अगर आपके बच्चे हैं, तो आपके पास उनसे "मुझे आप पर गर्व है" कहने और उनकी भावी सफलता पर सर्वाधिक प्रभाव डालने का सबसे बड़ा अवसर है। अगर आप नियोक्ता, टीचर या कोच हैं, तो मैं आपको प्रोत्साहित करता हूँ कि आप "मुझे आप पर गर्व है" को अपनी दैनिक शब्दावली का हिस्सा बना लें।

मुझे यक़ीन है कि हममें से हर एक को किसी ख़ास संभावना तक पहुँचने के लिए बनाया गया है। आप अपने परिचितों या प्रियजनों के सामने गर्व का इज़हार करके पूर्ण संभावना तक पहुँचने में उनकी मदद कर सकते हैं।

आप जिस भी व्यक्ति से मिलते हैं, उसके भीतर एक बच्चा या नाती-पोता छिपा हुआ है, जो प्रशंसा की तलाश कर रहा है और कह रहा है, "मुझे देखो।" क्या आप देख रहे हैं? क्या आप अपने परिवार के सदस्यों, दोस्तों, पड़ोसियों और सहकर्मियों या कर्मचारियों की छोटी-बड़ी उपलब्धियों पर ग़ौर कर रहे हैं? आप यह कहकर उनकी प्रगति में मदद कर सकते हैं : "मुझे आप पर गर्व है!"

6
"आपको धन्यवाद"

याद करें, बचपन में जब किसी वयस्क ने आपको कोई टॉफ़ी या छोटा तोहफ़ा दिया था, तो आपके माता-पिता ने आपको कुछ कहने के लिए प्रेरित किया होगा, "अब आप क्या कहोगे, बेटा ?" ज़ाहिर है, वे आपसे "आपको धन्यवाद" ("Thank You") कहलवाने की कोशिश कर रहे थे। अगर आप माता-पिता हैं, तो आप अपने बच्चे से उम्मीद करते हैं कि वह तोहफ़ा मिलने पर "आपको धन्यवाद" कहने का शिष्टाचार नहीं भूलेगा और चुपचाप उसे छीनकर या भागकर आपको शर्मिंदा नहीं करेगा।

ज़िम्मेदार माता-पिता बच्चों को "आपको धन्यवाद" कहना सिखाने के बारे में सख़्त होते हैं। हमारी शब्दावली और मस्तिष्क में "आपको धन्यवाद" वाक्य बहुत ऊपर होना चाहिए। सभ्य समाज में सफलतापूर्वक काम करने वालों से इसकी अपेक्षा की जाती है। स्टोर क्लर्क्स से आशा की जाती है कि वे हमारे बिज़नेस के लिए हमें धन्यवाद देंगे। जब कोई वेटर हमारा भोजन लेकर आता है, तो हम आम तौर पर कहते हैं, "आपको धन्यवाद।" जब कोई हमारे नए सूट या बेहतरीन काम की तारीफ़ करता है, तब भी "आपको धन्यवाद" ही उचित और अपेक्षित प्रतिक्रिया होती है। जब कोई हमारे लिए खाना तैयार करे, हमें अपनी गाड़ी में लिफ़्ट दे या हमें कोई तोहफ़ा दे, तो हमें ख़ुद-ब-ख़ुद धन्यवाद कहना चाहिए।

"आपको धन्यवाद" दूसरे व्यक्ति की उदारता मानने का प्रतीक है। यह वाक्य दूसरे व्यक्ति की दयालुता को स्वीकार करना है। इस तरह हम इस बात के लिए उसका शुक्रिया अदा करते हैं कि उसने हमारे बारे में सोचा। हमारा काम करने या हमें बेहतरीन सेवा देने के लिए किसी ने अपने गुण विकसित करने के लिए

जो मेहनत और समर्पण किया है, "आपको धन्यवाद" उसी के महत्त्व को स्वीकार करता है।

जब हमने एमवे के विश्व मुख्यालय की इमारत पूरी की, तो हमने तत्कालीन अमेरिकी सांसद जेराल्ड फ़ोर्ड, टाउनशिप सुपरवाइज़र, स्थानीय बिज़नेस लीडर्स और अन्य सम्मानित अतिथियों को आमंत्रित करके लोकार्पण समारोह आयोजित किया। यही नहीं, इस उच्चस्तरीय समारोह से पहले हमने एक और विशेष कार्यक्रम भी आयोजित किया।

हमने इमारत को मूर्त रूप देने वाले सभी कुशल श्रमिकों को पार्टी दी। इन सभी समर्पित और योग्य कर्मचारियों ने - जिन्होंने ब्लूप्रिंट बनाए थे, स्टील के स्तंभ खड़े किए थे, ईंटें जमाई थीं, खिड़कियाँ लगाई थीं, छत डाली थी, गलीचा बिछाया था और पर्दे टाँगे थे - हमारी इस पार्टी का आनंद लिया और उन्हें अपनी कड़ी मेहनत को साकार देखने का मौक़ा मिला। उस वक़्त निर्माण करने वाले मज़दूरों को अपनी बनाई पूरी इमारत की झलक तक देखने का मौक़ा शायद ही कभी मिलता था। हमने उन्हें पूरी इमारत देखने का न्योता दिया और उनसे हाथ मिलाया, थोड़ी बातचीत की और सबसे महत्वपूर्ण चीज़, "आपको धन्यवाद" कहा। उन्हें यह अच्छा लगा। अलबत्ता पार्टी का आमंत्रण पाकर उन्हें थोड़ी हैरानी ज़रूर हुई, जिसे हमने सिर्फ़ "आपको धन्यवाद" कहने के लिए आयोजित किया था।

इस प्रकार की घटनाएँ बहुत कम होती हैं, इसी से पता चलता है कि हम अक्सर लोगों को धन्यवाद देना भूल जाते हैं। ऐसा क्यों है कि कुछ लोगों को धन्यवाद देने का विचार हमारे दिमाग़ में आता ही नहीं है? जब किसी कंस्ट्रक्शन प्रोजेक्ट में समस्याएँ आती हैं, तो हम तत्काल शिकायत करने लगते हैं। लेकिन जब प्रोजेक्ट बिना किसी दिक़्क़त के सुचारु ढंग से चलता है, तो हम कर्मचारियों और उनकी विशेषज्ञता को अनदेखा कर देते हैं। 2007 में हमने डाउनटाउन ग्रांड रैपिड्स में जेडब्ल्यू मैरियट होटल बग़ैर किसी दुर्घटना, विलंब और बिना किसी बड़ी दिक़्क़त के समय पर बना लिया। सभी कुशल श्रमिकों और कॉन्ट्रैक्टर्स ने अच्छी तरह काम करते हुए अपना कर्तव्य बख़ूबी निभाया। वे हर दिन समय पर आए और उन्होंने शाम तक डटकर मेहनत की। शायद वे इस महत्वपूर्ण प्रोजेक्ट में अपने ख़ास हुनर के योगदान पर गर्व महसूस करते हुए घर लौटे होंगे। हम

लोकार्पण समारोह में इन सभी का सम्मान करते हैं और उनका मान बढ़ाते हैं। जैसा मैं पहले भी कह चुका हूँ, मैं अपने होटलों और कन्वेंशन सेंटर के स्टाफ़ के काम को मान्यता देना भी सुनिश्चित करता हूँ, जिन्हें आसानी से अनदेखा किया जा सकता है, लेकिन जो समय पर खाना या सेवा प्रदान करने के लिए हमेशा मौजूद रहते हैं और दिन भर अपने चेहरे की मुस्कान को क़ायम रखते हैं।

हम अपने कर्मचारियों को हर साल क्रिसमस का तोहफ़ा देते थे। कर्मचारियों को कैटेलॉग में से एक तोहफ़ा चुनने की स्वतंत्रता थी, सिर्फ़ इसलिए क्योंकि वे कंपनी के कर्मचारी थे और सिर्फ़ इस वजह से, क्योंकि यह क्रिसमस का त्योहार था और हम उन्हें बताना चाहते थे कि हम उन्हें महत्व देते हैं। यह आश्चर्यजनक है कि धन्यवाद के छोटे से काम में कितनी अविश्वसनीय शक्ति होती है! इससे लोग महसूस करते हैं कि उनकी ज़रूरत है और उन्हें महत्व दिया जा रहा है। परिवारों के भीतर जब हम एक-दूसरे को बहुत निकटता से जान लेते हैं, तो हममें शिष्टाचार को नज़रअंदाज़ करने की प्रवृत्ति हो सकती है। बहरहाल, तब भी हमें "आपको धन्यवाद" कहना नहीं भूलना चाहिए। हमने यह आदत अपने बच्चों को सिखाई है, जो आज भी हमारे परिवार की डिनर टेबल पर क़ायम है और जिसे हम अपने नाती-पोतों को सिखा रहे हैं।

धन्यवाद कहना और इसके प्रतीक देना किसी व्यक्ति के बारे में हमारे प्रेम या दयालुतापूर्ण विचारों की अभिव्यक्ति है। छोटा तोहफ़ा देते समय भी यह कहावत सच होती है, "यह तो विचार है, जो मायने रखता है।" लेकिन सबसे अहम् यह है कि हमने अपने विचारों को एक प्रतीक के साथ कर्म में बदला : एक कार्ड, एक तोहफ़ा या "आपको धन्यवाद। मैं आपको महत्व देता हूँ। आपने अच्छा काम किया और उस काम ने मेरी मदद की।" की कोई दूसरी अभिव्यक्ति।

सिर्फ़ शुक्रगुज़ार महसूस करने से हमारी कृतज्ञता ज़ाहिर नहीं होती है। अक्सर, हम धन्यवाद देने के बारे में सोचते तो हैं, लेकिन उसे कहने या व्यक्त करने का कभी समय ही नहीं निकाल पाते। दुर्भाग्य से हम जिस स्कूल टीचर को पसंद करते थे और जिसकी प्रशंसा करते थे, उसे पूरे साल आपको-धन्यवाद नहीं कह पाते थे - और उसे कभी पता ही नहीं चल पाता था कि कोई उसकी योग्यताओं और कोशिशों की सराहना कर रहा है। हो सकता है कि हमने इस बारे में सोचा हो,

लेकिन क्लास तक जाने या फ़ोन उठाने या कार्ड या छोटा तोहफ़ा भेजने का काम नहीं कर पाए हों।

हम अपनी कृतज्ञता सिर्फ़ "आपको धन्यवाद" कहकर या किसी ज़्यादा बड़े तरीक़े से भी व्यक्त कर सकते हैं। सही कारण से किए जाने पर धन्यवाद के विराट प्रतीक चमत्कार कर सकते हैं। कई साल पहले जब मैं ग्रांड वैली स्टेट यूनिवर्सिटी के बोर्ड में था, तो चर्चा चली कि यूनिवर्सिटी के फ़ाउंडेशन के लिए पैसा कैसे इकट्ठा किया जाए। मैंने सुझाव दिया कि सबसे अच्छा तरीक़ा लोगों को सम्मानित करना है। तो हम यूनिवर्सिटी और समुदाय दोनों के प्रति योगदान देने वाले लोगों को सम्मानित करने लगे। हमने उन्हें समारोहों में सम्माननीय अतिथि बनाया, पुरस्कार दिए और यूनिवर्सिटी की इमारतों में उनके पोर्ट्रेट टाँगे। यह बहुत से लोगों से "आपको धन्यवाद" कहने की हमारी परंपरा बन गई। वे प्रख्यात प्रोफ़ेसर या यूनिवर्सिटी के लिए महत्वपूर्ण समाज के सदस्य थे और हमने उन्हें सार्वजनिक सम्मान देकर "आपको धन्यवाद" कहा। आज ग्रांड रैपिड्स के सामाजिक कैलेंडर में ऐसे कार्यक्रमों की भरमार है, जिनमें लोगों को उनके योगदान के लिए सम्मानित किया जाता है। हम जलसे में प्रख्यात अतिथि वक्ताओं के साथ डिनर करते थे। चंदा उगाहने वाले ये आयोजन उनके संगठनों के लिए पैसा बनाते हैं और इस उद्देश्य को समर्थन देने के लिए ज़्यादा दानदाताओं को प्रोत्साहित करते हैं, लेकिन वे उन लोगों को सम्मानित भी करते हैं, जो कृतज्ञता के महत्वपूर्ण सम्मान के हक़दार हैं।

1999 में डाउनटाउन ग्रांड रैपिड्स के कायाकल्प में तीस साल के आर्थिक योगदान के लिए जे और मुझे एक जलसे में सम्मानित किया गया। इस चंदा उगाहने वाले कार्यक्रम का नारा था : "कायाकल्प के लिए धन्यवाद, जे और रिच।" हमारे गृहनगर ने हमें श्रेय देते हुए कहा, "इन दो लोगों के अथक प्रयासों और असाधारण उदारता को, जिन्होंने ग्रांड रैपिड्स के डाउनटाउन जिले और छोटे व्यवसायों के कायाकल्प में प्रमुख भूमिका निभाई।" उन तीस सालों में हम उस शहर की मदद करके ख़ुश थे, जिसमें हम पले-बढ़े थे। समय जैसे पंख लगाकर उड़ गया और हमें इस बारे में कोई मलाल नहीं हुआ कि हमें धन्यवाद नहीं दिया जा रहा है। लेकिन कृतज्ञता के इतने विराट प्रदर्शन के पाने वाले सिरे पर होने से मुझे यह

समझ में आ गया कि धन्यवाद पाने और दूसरों को धन्यवाद देने में कितनी शक्ति होती है। मैं स्वीकार करता हूँ कि मुझे धन्यवाद पाने में बड़ा मज़ा आया।

लोगों को धन्यवाद सुनना अच्छा लगता है और उन्हें धन्यवाद की *ज़रूरत* भी होती है! अगर हम तोहफ़े देने वाले लोगों के प्रति कृतज्ञता व्यक्त न करें, तो दयालुता का कुआँ सूख भी सकता है। कई लोग किसी उद्देश्य में यक़ीन करने या अपने दिल की अच्छाई की वजह से परोपकार करते हैं। इसके बदले उन्हें अपेक्षाकृत बहुत कम कृतज्ञता की ज़रूरत होती है। एक बार मैं ग्रांड वैली स्टेट यूनिवर्सिटी की एक इमारत के लिए चंदा इकट्ठा कर रहा था, जो आज कुक डेवॉस हेल्थ साइंसेस बिल्डिंग है। हेल्थ बिल्डिंग की पार्किंग में मैंने एक अजनबी बुज़ुर्ग से बातचीत शुरू कर दी। उनकी उम्र नब्बे साल से ज़्यादा थी, लेकिन वे अपनी सुंदर शर्ट और चमकदार नीले स्पोर्ट कोट में काफ़ी युवा दिख रहे थे। मैंने उनसे कहा, "आप तो मिलियन डॉलर जैसे दिखते हैं!"

मैं जब इमारत के भीतर उनसे मिला, तो मुझे पता चला कि हमें चंदा देने वाले संभावित लोगों की सूची में उनका नाम सबसे ऊपर था। यह जानने के बाद मैंने उनसे कहा, "आप मिलियन डॉलर जैसे दिखते हैं, लेकिन मैं यहाँ आपसे सचमुच एक मिलियन डॉलर माँगने आया हूँ। हम एक मिलियन डॉलर दान देने वालों के नाम पर इस इमारत की हर मंज़िल का नामकरण कर रहे हैं और मैं इसके लिए आपसे मदद का आग्रह करता हूँ।" वे चंदा देने के लिए तैयार हो गए। इसके बाद मैंने उन्हें बताया कि अगर वे ज़्यादा चंदा देने को तैयार हों, तो पूरी इमारत का नामकरण उनके नाम पर हो सकता है। यह सुनकर उनके साथ आया उनका पोता बोला, "दादाजी, अपने पोतों को मत भूल जाना।" जब मैंने आगे बातचीत की और उनके अमीर बनने की कहानी सुनी, तो मुझे एहसास हुआ कि शहर में शायद ही कोई उनके बारे में जानता होगा। लोग यह नहीं जानते थे कि उन्होंने किस तरह अपना छोटा सा बिज़नेस शुरू करके अंततः एक विशाल बिज़नेस बना लिया। मैंने फ़ैसला किया कि हमें हर मंज़िल का नामकरण करने से ज़्यादा करना चाहिए। हमें ऐसा कुछ करना चाहिए, ताकि लोग दानदाताओं की कहानियों से प्रेरित हों और वे उन नामों के पीछे के व्यक्ति के बारे में जानें। अक्सर कैंपसों की इमारतों का नामकरण दानदाताओं के नाम पर होता है, लेकिन विद्यार्थी उस

व्यक्ति के बारे में नाम से ज़्यादा कुछ नहीं जानते हैं। यूनिवर्सिटी ने हर मंज़िल पर काँच का एक शोकेस बनाने के बारे में सोचा, जिसके भीतर हर दानदाता की कहानी बताने वाले स्मृति-चिन्ह और नुमाइश की वस्तुएँ रखी जाएँ। विद्यार्थी इन्हें देखकर यह कह सकते हैं, "तो इस आदमी ने यह किया था और इसीलिए वह यहाँ पर है और इसीलिए इस मंज़िल का नाम उसके नाम पर रखा गया है।" यह "आपको धन्यवाद" कहने का अद्‌भुत तरीक़ा है।

ऐसे बहुत सारे रचनात्मक तरीक़े हैं, जिनमें इतनी दूर तक जाने की ज़रूरत नहीं होती है। बहरहाल, आपको यह सोचना होगा कि आपके जीवन पर किसी के प्रभाव के लिए आप उसे कैसे सम्मानित कर सकते हैं और "आपको धन्यवाद" कह सकते हैं। "आपको-धन्यवाद" की व्यक्तिगत चिट्‌ठी और टीप को कभी नज़रअंदाज़ नहीं किया जाना चाहिए, लेकिन "आपको धन्यवाद" कहने के कई अन्य तरीक़े भी हैं, चाहे आप व्यवसायी हों, धर्मगुरु हों, अभिभावक हों या लीडरशिप की किसी दूसरी भूमिका में हों।

आप अपने बच्चों को स्कूल में कड़ी मेहनत के लिए धन्यवाद दे सकते हैं और एक अच्छा रिपोर्ट कार्ड लाने पर उन्हें कुछ ख़ास तोहफ़ा दे सकते हैं या उनके हाई स्कूल या कॉलेज से पास होने पर जश्न मना सकते हैं। आपको-धन्यवाद का यह मतलब भी हो सकता है कि आप उनके किसी दिन या वीकएंड को ख़ास बना दें। समय किसी भी अभिभावक द्वारा दिया जाने वाला सबसे मूल्यवान उपहार है। मुझे याद है मैं बिज़नेस खड़ा करने में व्यस्त रहता था और डग, जो उस वक़्त लगभग बारह साल का रहा होगा, एक दिन मुझसे कहने लगा, "आप कभी घर पर नहीं रहते हैं।" मैंने कहा, "मैं रहता हूँ। मैं ज़्यादातर वक़्त घर पर ही रहता हूँ।" उसने कहा, "एक मिनट ठहरें। मैं कैलेंडर लेकर आता हूँ।" उसने किचन में अलमारी के दरवाज़े के पीछे एक कैलेंडर टाँग रखा था, जिसमें उन सभी दिनों पर क्रॉस लगा था, जब मैं घर से बाहर रहा था। इससे मेरी आँखें खुल गईं! हाँ, समय का उपहार सबसे मूल्यवान होता है। डग के कैलेंडर ने घर पर रहने और उसके जीवन में शामिल होने के महत्व के बारे में मेरी आँखें खोल दीं। बिज़नेस संबंधी यात्राओं में व्यस्त रहते समय बच्चों के साथ समय बिताने के लिए मैंने एक तरीक़ा यह खोजा कि मैं उन्हें साथ ले जाने लगा। मैं ज़्यादातर विदेश यात्राओं

में एक बच्चे को साथ ले जाता था। मेरा सबसे बड़ा बेटा डिक ऑस्ट्रेलिया की पहली यात्रा पर गया। इसके बाद हर बच्चा दो-तीन हफ़्तों की यात्रा में मेरे साथ बारी-बारी से गया। उनके टीचर्स को यह बात हमेशा पसंद नहीं आती थी, लेकिन मेरी पत्नी और मुझे लगता था कि ये यात्राएँ उन्हें शिक्षा देने और उनके साथ व्यक्तिगत समय गुज़ारने का अद्‌भुत अवसर हैं।

हम जिन लोगों को महत्व देते हैं या जिन्होंने हमारी कोई सेवा या उपकार किया है, उन्हें धन्यवाद देने के अलावा हमें कृतज्ञता का नज़रिया भी रखना चाहिए। इस देश में हमें बड़े-बड़े वरदान मिले हैं और अक्सर हममें अपनी नियामतों को नज़रअंदाज़ करने की प्रवृत्ति होती है। "मैं आपको धन्यवाद देता हूँ।" इस वाक्य को ज़्यादा इस्तेमाल करने पर भी यह कभी बासी नहीं होता है। इसे हमेशा हमारी जीभ की नोंक पर रहना चाहिए, क्योंकि हमें हर दिन मदद करने वाले लोगों के प्रति सचमुच कृतज्ञ होना चाहिए और उस ईश्वर के प्रति भी, जिसने हमें इतिहास के किसी भी देश से ज़्यादा स्वतंत्रता और समृद्धि का वरदान दिया है। जब हम आपको-धन्यवाद सूची में जोड़ने के लिए किसी का नाम सोचें, तो हमें प्रचुर नियामतों के लिए प्रार्थना में हर दिन ईश्वर को धन्यवाद देना नहीं भूलना चाहिए।

हम अक्सर धन्यवाद देने में बहुत सुस्त होते हैं और शिकायत करने में बहुत चुस्त। शायद हम इतने आत्म-केंद्रित होते हैं और अपनी रोज़मर्रा की ज़िंदगी में इतने ज़्यादा व्यस्त हो जाते हैं कि धन्यवाद देना भूल जाते हैं। शायद ऐसा इसलिए भी हो सकता है, क्योंकि अमेरिका में हम विलासिता और आराम के उस स्तर के साथ आत्मसंतुष्ट हो गए हैं, जो विश्व की ज़्यादातर जनसंख्या के लिए कल्पना से भी परे है। हम उस मकान मालिक की तरह अपनी नियामतों को अनदेखा कर देते हैं, जिसने अपना घर बेचने के लिए एक रियल एस्टेट एजेंट से विज्ञापन तैयार करवाया। मकान मालिक ने अख़बार के विज्ञापन में अपने घर की आकर्षक विशेषताओं के बारे में पढ़ा। इसके बाद उसने रियल एस्टेट एजेंट को फ़ोन करके कहा कि अब वह घर नहीं बेचना चाहता। जब मकान मालिक से पूछा गया कि उसने इरादा क्यों बदल लिया, तो उसने कहा, "विज्ञापन पढ़ने के बाद मुझे एहसास हुआ कि मैं पहले से ही उस मकान में रह रहा हूँ, जिसमें मैं हमेशा से रहना चाहता था।"

जैसा नॉर्मन विन्सेंट पील ने बरसों तक अपने भाषण में कहा है, अगर आप अपनी समस्याओं के बारे में चिंतित हैं और आपको सकारात्मक पहलू पर ध्यान केंद्रित करना मुश्किल लग रहा हो, तो "ख़ुद से बाहर निकल आएँ।" दूसरों के बारे में सोचना शुरू करें। हर दिन नियामतों की सूची गिनने के बजाय दुर्भाग्य से हम हमेशा शिकायत करने के लिए कोई न कोई मुद्दा खोजते रहते हैं। इसकी जगह अगर हम किसी कम भाग्यशाली व्यक्ति के बारे में सोचें और उसकी मदद भी करें, तो हम अपनी स्थिति के लिए ज़्यादा कृतज्ञ महसूस करेंगे। पील को यक़ीन था कि सचमुच महान लोग असाधारण जीवन इसलिए जीते हैं, क्योंकि उनमें दूसरे लोगों के बारे में सोचने और उनके प्रति दयालुता दिखाने की आदत होती है। जब हम किसी दूसरे व्यक्ति का भला करते हैं, तो हम उन लोगों को बेहतर महत्व और धन्यवाद दे सकते हैं, जो हमारा भला करते हैं। मिसाल के तौर पर, खाना खाने बैठते समय हम सिर्फ़ इस बारे में सोच सकते हैं कि यह भोजन किस तरह हमारी भूख शांत करेगा या फिर हम ठहरकर उस भोजन को तैयार करने में शामिल विचार, निपुणता और प्रयास की सराहना कर सकते हैं और शुक्रगुज़ार बन सकते हैं।

किसानों के समूह के बारे में एक पुरानी कहानी है, जो बर्फ़ीले तूफ़ान के दौरान जनरल स्टोर में स्टोव के चारों तरफ़ बैठकर आग ताप रहे हैं। एक किसान कहता है, "तुम्हें 1970 का साल याद है, जब भयंकर अकाल पड़ा था, हमारी सारी फ़सलें नष्ट हो गई थीं और खेतों में लगी हर चीज़ झुलस गई थी?" बाक़ी किसानों ने सिर हिलाकर बताया कि उन्हें याद है। फिर एक और किसान बोला, "1984 का साल याद है, जब सभी फ़सलें अच्छी उग रही थीं, लेकिन फिर बारिश नहीं हुई और खेत में लगी हर चीज़ तबाह हो गई?" सभी ने कहा कि उन्हें वह साल भी याद है। सबको वे बरस याद थे, जब चीज़ें गड़बड़ हुई थीं। आख़िर एक बूढ़ा किसान बोला, "हाँ, लेकिन 1987 के साल को मत भूलना। वह ज़बर्दस्त साल रहा था। हमारी फ़सलें बेहतरीन हुई थीं और सब कुछ अच्छा हुआ। लेकिन उसने मिट्टी से सारे खनिज पदार्थ सोख लिए थे।"

इस कहानी की तरह ही कई बार हमें भी सचमुच शुक्रगुज़ार होने में मुश्किल आती है। इसलिए अगर आपके बच्चे स्कूल में पढ़ रहे हों और हर दिन कुछ नया

सीख रहे हों, तो उनके टीचर्स को धन्यवाद दें। अगर आपके पास बचपन की मधुर यादें हों और आप एक उत्पादक व्यक्ति बन गए हों, तो अपने माता-पिता को धन्यवाद दें। अपने दादा-दादी को उनकी बुद्धिमत्ता के लिए धन्यवाद दें। अपने नियोक्ता को नौकरी के लिए धन्यवाद दें। सूची लंबी है।

अगर आप अपने घर, समुदाय और देश में सुरक्षित महसूस करते हों, तो अपने पड़ोसियों, पुलिस अफ़सरों या सेना के जवानों को धन्यवाद दें। अगर रविवार के प्रवचन से आपका मनोबल बढ़ गया हो, तो अपने पादरी को धन्यवाद दें। अगर आपके काम का बोझ किसी सहकर्मी की मदद से कम हुआ हो, तो उसे धन्यवाद दें।

"आपको धन्यवाद" कहने के अलावा हर दिन अपने नज़रिए को थोड़ा बदलें और ईश्वर की प्रचुर नियामतों के लिए शुक्रगुज़ार होने की आदत डालें। अगर आप और आपका परिवार सेहतमंद हो, अगर आपके सिर पर छत हो, टेबल पर भोजन हो, तन पर कपड़े हों और प्रेम, हँसी तथा आराम के उपहार हों, तो नियामतों के लिए ईश्वर को धन्यवाद दें। और उसकी नियामतों का एक हिस्सा उन लोगों के साथ बाँटना न भूलें, जिनके पास कम नियामतें हैं।

मैं कृतज्ञता के दैनिक नज़रिए में विश्वास करता हूँ, छोटे से छोटे एहसान या ख़्याल के बदले में धन्यवाद कहने में विश्वास करता हूँ, प्रार्थना में ईश्वर को धन्यवाद देने में विश्वास करता हूँ और ईश्वर की प्रचुरता को बाँटकर अपनी कृतज्ञता दिखाने में विश्वास करता हूँ। मुझे पूरा यक़ीन है कि कृतज्ञता में शक्ति होती है और यह समाज को ज़्यादा सकारात्मक बनाने की एक महत्वपूर्ण कुंजी है।

7
“मुझे आपकी ज़रूरत है”

एक बार तो मुझे अपनी ज़िंदगी बचाने के लिए ही किसी की ज़रूरत थी। 71 साल की उम्र में मुझे ज़िंदा रहने के लिए हृदय प्रत्यारोपण की ज़रूरत पड़ गई। हमने देश के हर हार्ट सेंटर को फ़ोन किया, लेकिन मेरी उम्र के कारण कोई भी केस लेने को तैयार नहीं हुआ। इसलिए मुझे न सिर्फ़ किसी हृदय रोग विशेषज्ञ की शिद्दत से ज़रूरत थी, बल्कि नए हृदय की भी थी। मेरी ज़रूरत आख़िरकार एक डॉक्टर ने पूरी की, जो मेरा केस लेने को तैयार हो गए - प्रोफ़ेसर सर मैग्डी याकूब, जो लंदन के हेयरफ़ील्ड हॉस्पिटल में थोरेकिक और कार्डियोवैस्कुलर सर्जन थे। मैं उनसे लंदन में मिला, क्योंकि वे पहले यह तय कर लेना चाहते थे कि क्या मैं प्रत्यारोपण ऑपरेशन से बच सकता हूँ। वे मुझसे बोले, "मैं जानता हूँ कि आपको कितना कुछ झेलना पड़ेगा और कितना कष्ट उठाना पड़ेगा, इसलिए मैं ऑपरेशन से पहले यह जानना चाहता हूँ कि क्या इससे सफलतापूर्वक गुज़रने के लिए आपमें सही मानसिक नज़रिया और मनोबल है।"

वे मुझसे बुनियादी तौर पर यह पूछ रहे थे, "क्या आपके पास ज़िंदा रहने का कारण है?" उस वक़्त हेलन और मेरे दो बेटे वहीं थे - डॉक्टर तीन कारणों को तो अपनी नज़रों के सामने ही देख सकते थे! बातचीत और मूल्यांकन के बाद वे मेरा इलाज करने के लिए तैयार हो गए। ईश्वर का शुक्र है कि उन्होंने हाँ कर दी, क्योंकि मुझे सचमुच उनकी ज़रूरत थी - दुनिया का वह एक आदमी, जो संभवतः मेरी जान बचा सकता था। सौभाग्य से पाँच महीने के इंतज़ार के बाद ही मुझे नया हृदय मिल गया। प्रत्यारोपण ऑपरेशन एक और सबक़ था, जिसने मेरे इस विश्वास को दृढ़ कर दिया कि मेरे जीवन में ईश्वर की कृपा है। 71 साल

की उम्र में नया हृदय लगना अमेरिका में असंभव था और इंग्लैंड में भी दुर्लभ ही था। मेरे मामले को अपने हाथ में लेने के इच्छुक सर्जन का मिलना ही अविश्वसनीय सा था।

एक और चुनौती मेरा दुर्लभ रक्त समूह है, जिसकी वजह से दानदाता मुश्किल से मिल पाते हैं। लेकिन डॉक्टर का कहना था मेरा दुर्लभ एबी रक्त समूह ख़ुशक़िस्मती थी, क्योंकि अस्पताल में उस समूह के हृदयों का अमूमन कोई उपयोग नहीं होता है। अगर मेरा रक्त समूह दुर्लभ नहीं होता, तो मैं प्रत्यारोपण का दावेदार बन ही नहीं सकता था। इसके अलावा मैं अमेरिकी नागरिक था, इसलिए दानदाता का हृदय ऐसा होना चाहिए था, जिसकी ज़रूरत इंग्लैंड के किसी रोगी को न हो। जाँच में एक और जटिलता का पता चला : मेरी आवश्यकताओं को पूरा करने के लिए दानदाता के हृदय का दायाँ वेंट्रिकल बड़ा होना चाहिए था।

मैं इंतज़ार करता रहा - दिनोदिन कमज़ोर होता रहा - और फिर मेरी हृदय रोग विशेषज्ञ एम्मा बिर्क को एक दानदाता मिल गया। उसी अस्पताल में एक महिला को फेफड़ों का प्रत्यारोपण करवाना था। चूँकि डॉक्टर आम तौर पर फेफड़ों और दिल को एक यूनिट के रूप में बदलना पसंद करते हैं, इसलिए इस महिला का स्वस्थ हृदय मेरे काम आ सकता था। अस्पताल ने उस महिला के लिए एक हृदय और फेफड़ों को खोज लिया, जो एक कार दुर्घटना के शिकार व्यक्ति के थे। महिला का स्वस्थ हृदय अब अतिशेष (surplus) हो गया था। *बेशक़ीमती* अतिशेष। इससे भी ज़्यादा चमत्कारी बात यह थी कि फेफड़ों की बीमारी के कारण उसके हृदय का दायाँ वेंट्रिकल सामान्य से बड़ा हो गया था। ईश्वर सचमुच छोटी-छोटी चीज़ों का ध्यान रखता है।

सिर्फ़ आध्यात्मिक दृष्टि से अंधे लोग ही मेरी परिस्थितियों में ईश्वर का हाथ देखने में असफल हो सकते हैं। अंतिम विश्लेषण में इस चमत्कार का सिर्फ़ एक ही स्पष्टीकरण है : ईश्वर की कृपा। जिस तरह मुझे डॉ. याकूब की ज़रूरत थी, उसी तरह कोई आप पर भी आस लगाए है। किसी को *आपकी ज़रूरत* है। हममें से हर एक की किसी न किसी को *ज़रूरत है*। इसका यक़ीन करें। और लोगों - अपने जीवनसाथी, अपने बच्चों, अपने कर्मचारियों या सहकर्मियों, अपने कचरा उठाने वाले या पादरी - से कहें "मुझे आपकी ज़रूरत है" ("I need you")।

"टीम में कोई **मैं** नहीं होता है।" मैं एमवे बिज़नेस में लोगों के मुँह से यह वाक्य काफ़ी सुनता हूँ। एमवे "हम" बिज़नेस है। यह बिज़नेस हर उस व्यक्ति की सफलता के सिद्धांत पर बना है, जो पूरी टीम की सफलता में योगदान देता है। हर व्यक्ति की कामयाबी अलग-अलग अंशों में हर दूसरे व्यक्ति की कामयाबी पर निर्भर करती है। जिन लोगों ने सबसे ज़्यादा हासिल किया है, वे ऐसे लोग हैं, जिन्होंने सबसे ज़्यादा सफल लोगों को स्पॉन्सर किया है। तो "मुझे आपकी ज़रूरत है" एक ऐसा वाक्य है, जिसका मैंने अक्सर प्रयोग किया है और जिसे मैंने सकारात्मक लोगों को प्रेरित करने में काफ़ी शक्तिशाली पाया है। हम सभी को यह जानने की ज़रूरत है कि किसी को हमारी ज़रूरत है। वह व्यक्ति दुर्लभ होता है, जो किसी दूसरे व्यक्ति की ज़रूरत के बिना ज़िंदगी गुज़ार सकता है।

उन सभी लोगों के बारे में सोचें, जिनकी आपको इस वक़्त ज़रूरत है या ज़िंदगी में पहले कभी रही हो : आपके माता-पिता, आपका जीवनसाथी, आपकी टीम के साथी और सहकर्मी, जिनकी बदौलत आप जीत पाए या काम पूरा कर पाए। वह सच्चा दोस्त, जो बहुत मुश्किल समय में आपके आस-पास मौजूद इकलौता व्यक्ति था; वह ख़ास टीचर या कोच, जिसने आपको राह दिखाई; ख़तरे के समय में पुलिस अफ़सर या आग बुझाने वाले कर्मचारी; पाइप टूटने पर प्लंबर; मनोबल कमज़ोर होने पर आपका पादरी; डिनर बनाने के दौरान कोई महत्वपूर्ण सामग्री ख़त्म होने पर आपका पड़ोसी; कार दुर्घटना के बाद आपका बीमा एजेंट; या आपकी देखभाल करने वाला डॉक्टर। हममें से ज़्यादातर लोग किसानों के बारे में बहुत कम सोचते हैं या सोचते ही नहीं हैं। हम यह भी नहीं सोचते हैं कि भोजन आता कहाँ से है। हम बिजली/पानी कंपनियों के कर्मचारियों के बारे में भी नहीं सोचते हैं, जब तक कि हमारे स्विच चलाने पर बिजली न जले या साफ़ पानी न मिले, जो आम तौर पर नल की टोंटी घुमाने से आ जाता है।

जब मैं जाड़े की सुबहों को जागता था और सड़कों से बर्फ़ हटी देखता था, तो मैं समझ जाता था कि सड़कों को आने-जाने लायक़ बनाने के लिए कर्मचारी पूरी रात जागे थे। जब मैं जाड़े की रातों में हवाई जहाज़ से ग्रांड रैपिड्स के अपने हवाई अड्डे पर उतरता था, तो मुझे आश्वासन भरी आवाज़ सुनाई देती थी, जो हमारे पायलटों से कहती थी, "आपको आने की अनुमति दी जाती है।" यह सुनकर

मैं जान जाता था कि हवाई अड्डे के कर्मचारी अपना काम कर रहे हैं। 9/11 के आतंकी हमलों ने हम सभी को याद दिला दिया है कि फ़ायरफ़ाइटर्स और पुलिस अफ़सर हमारी सुरक्षा की ख़ातिर अपनी जान जोख़िम में डाल रहे हैं। हालाँकि हम उन पर या उनके काम पर ज़्यादा ध्यान नहीं दे रहे हैं या उनके बारे में सोच नहीं रहे हैं, लेकिन इसके बावजूद वे अपना काम कर रहे हैं।

हमारी दुनिया की वर्तमान स्थिति भी उन समर्पित स्त्री-पुरुषों की यादगार है, जो सेना में सेवा देते हैं। वे एक उल्लेखनीय काम करते हैं। कई साल पहले मुझे एयरक्राफ़्ट कैरियर यूएसएस *कॉन्सटेलेशन* पर जाने का सौभाग्य मिला, जहाँ सैन डिएगो के क़रीब अभ्यास चल रहा था। जब मैंने सैनिकों को उस विशाल जहाज़ से रात को उड़ान भरते देखा, तो मुझे अपनी आँखों पर यक़ीन ही नहीं हुआ। नौसेना के बेहद योग्य और प्रशिक्षित अधिकारी बिलकुल सटीकता से मिलियनों डॉलर के जेट फ़ाइटर्स में उड़ान भर रहे थे और उतर रहे थे। वे इस आशंका के लिए तैयारी कर रहे थे कि किसी दिन उनकी और उनके आधुनिक हवाई जहाज़ की ज़रूरत उन समुद्री मार्गों की रक्षा करने के लिए होगी, जो हमारे देश के लिए अत्यावश्यक विदेशी सामग्री के परिवहन के लिए अनिवार्य हैं।

हर वक़्त उड़ान भरते समय मैं "मुझे आपकी ज़रूरत है" वाक्य सोचता हूँ। मैं एक लाइसेंस्ड पायलट हूँ और अक्सर निजी हवाई जहाज़ों में यात्रा करता हूँ, इसलिए मैं ट्रैफ़िक कंट्रोल सिस्टम के बारे में जानता हूँ, जो हवाई जहाज़ों को आपस में टकराने से रोकता है - ख़ास तौर पर अटलांटिक पार करते समय। महासागर पार करते समय राडार की मदद नहीं मिल पाती है, इसलिए योग्य से योग्य पायलट भी पूरी तरह एयर ट्रैफ़िक कंट्रोल के भरोसे रहता है। पायलटों को अटलांटिक के ऊपर निर्धारित चेकपॉइंट्स पर एयर ट्रैफ़िक कंट्रोलर्स को अपनी स्थिति अनिवार्य रूप से बतानी होती है। उनके हवाई जहाज़ों के चारों तरफ़ - आगे, पीछे और नीचे दूसरे हवाई जहाज़ उड़ रहे हैं। पायलट दूसरे जहाज़ों को नहीं देख सकते, लेकिन चूँकि सभी पायलट हर चेकपॉइंट पर पहुँचकर अपनी स्थिति और समय की जानकारी देते हैं, इसलिए एयर ट्रैफ़िक कंट्रोलर्स को हर हवाई जहाज़ की स्थिति मालूम होती है।

अटलांटिक के ऊपर उड़ने वाले हवाई जहाज़ अलग-अलग ऊँचाई पर उड़ते

हैं – आकाश के अदृश्य राजमार्गों की तरह। मिसाल के तौर पर, अगर आप न्यूयॉर्क से पेरिस की हवाई यात्रा कर रहे हों, तो इस बात की संभावना है – आपके जाने और देखे बिना – कि आपके सिर के ठीक एक हज़ार फ़ुट ऊपर एक दूसरा हवाई जहाज़ उड़ रहा होगा, एक आपके नीचे होगा और बाक़ी आगे-पीछे उड़ रहे होंगे। उड़ान भरते वक़्त अक्सर एयर ट्रैफ़िक कंट्रोलर मुझे ज़्यादा ऊँचे या निचले मार्ग पर पहुँचने का निर्देश देता है, ताकि मेरे पीछे वाला हवाई जहाज़ सुरक्षित गुज़र सके। एयर ट्रैफ़िक कंट्रोल नहीं होता, तो किसी तरह की कोई रोक-टोक नहीं होती और आपके ऊपर वाला हवाई जहाज़ नीचे आकर आपसे टकरा जाता या आपके पीछे आने वाला हवाई जहाज़ ज़्यादा तेज़ी से आकर आपको टक्कर मार देता। एयर ट्रैफ़िक कंट्रोलर्स यह सारी जटिल प्रक्रिया सुचारु ढंग से संचालित करते हैं। वे सैकड़ों हवाई जहाज़ों को मार्गदर्शन देते हैं, जो हर दोपहर अमेरिका से उड़कर सुबह यूरोपीय हवाई अड्डों पर उतरते हैं और यही सिलसिला लौटते समय भी दोहराया जाता है।

करोड़ों लोगों का जीवन उन मुट्ठी भर लोगों की योग्यताओं पर निर्भर हो सकता है, जिनकी बहुत ज़रूरत है। आपके समुदाय में भी ऐसे लोग होंगे, जिनकी बहुत ज़रूरत होती है। मेरे समुदाय की गतिविधियाँ उन व्यक्तियों की याद दिलाती हैं, जिनकी हमें ज़रूरत है। मिसाल के तौर पर, सन् 2000 में एक कमेटी से नई सहस्राब्दी का स्मारक बनाने के लिए कोई प्रोजेक्ट खोजने को कहा गया। एक औद्योगिक जिले में एक ऐसा पार्क बनाने का निर्णय लिया गया, जो पूरा होने पर न्यूयॉर्क सिटी के सेंट्रल पार्क से बड़ा हो। हमने जो मिलेनियम पार्क बनाना शुरू किया, आज उसमें एक समुद्र तट है, एक बीच हाउस है, प्राकृतिक मार्ग हैं, पिकनिक पैविलियन्स हैं, बच्चों के खेलने के स्थान हैं और नौकाविहार तथा मछली पकड़ने के लिए तालाब हैं। इसे पूरा करने के लिए कई महत्वाकांक्षी योजनाएँ अभी भी ड्रॉइंग बोर्ड पर तैयार हैं। यह सब किसी विशेष स्वयंसेवी (volunteer) की मेहनत के बिना संभव नहीं था। इटली में अमेरिका के पूर्व राजदूत पीटर सेकिया ने अपने रिटायरमेंट में यह प्रोजेक्ट अपने हाथ में ले लिया, जो हमारे समुदाय के मशहूर व्यवसायी तथा उद्यमी भी हैं। उन्होंने सपना देखा, चंदा इकट्ठा किया और अपने सपने को हक़ीक़त में बदलने के लिए सरकार तथा कंपनियों के साथ काम किया।

हमारे समुदाय के दो अन्य प्रमुख सदस्यों डेविड फ़्रे और जॉन केनेपा ने भी स्वयंसेवी के रूप में अपने समय और योग्यताओं का योगदान दिया।

हमें इसी तरह के लोगों की ज़रूरत है। ज़रा सोचें : स्वयंसेवी नहीं होंगे, तो चंदा कौन इकट्ठा करेगा या राजनीतिक अभियानों के लिए वोट कौन माँगेगा। ऐसी स्थिति में हमारे पास स्वैच्छिक फ़ायर डिपार्टमेंट्स, स्काउट ट्रूप्स या लिटिल लीग टीमें नहीं होंगी। अपने चारों ओर देखकर विचार करें कि स्वयंसेवकों के बिना क्या मौजूद नहीं होगा।

हमें बहुत से लोगों की ज़रूरत होती है, जिन्हें हम आम तौर पर अनदेखा कर देते हैं। ज़रा कचरा उठाने वालों के बारे में सोचें। ऐसी दुनिया के बारे में सोचें, जिसमें एक भी कचरा उठाने वाला न हो। मैं यह कहानी पहले भी बता चुका हूँ, लेकिन यह दोहराने लायक़ है, क्योंकि यह "मुझे आपकी ज़रूरत है" का आदर्श उदाहरण है। मेरा परिवार गर्मियों में एक कॉटेज में ठहरा हुआ था। वहाँ का कचरा उठाने वाला कमाल का था। वह हमेशा समय पर आता था। आप उसे देखकर अपनी घड़ी मिला सकते थे। वह कचरे के ढक्कन फेंकता नहीं था या ज़ोर से ढक्कन नहीं लगाता था। वह सुबह जल्दी काम करने आता था और वह सोने वाले लोगों की नींद का सम्मान करता था। एक सुबह मैं साढ़े पाँच बजे उसके आने के समय उठ गया। मैंने उससे कहा, "मैं आपको यह बताना चाहता था कि आप कितना अच्छा काम कर रहे हैं और हमें यहाँ पर आपकी कितनी ज़रूरत है।" उसने मुझे बड़े अजीब तरीक़े से देखा और अपने रास्ते चला गया।

अगले हफ़्ते मैंने दोबारा जल्दी उठने का निश्चय किया और उसका इंतज़ार करने लगा। मैंने उसे उसके ट्रक में कचरा भरते हुए देखा और कहा, "आपका काम बेहतरीन है। मैं आपको बताना चाहता हूँ कि हमें आपकी क़ीमती सेवा की बहुत ज़रूरत है और मैं आपके काम को बहुत महत्वपूर्ण मानता हूँ।" उसने मेरी ओर देखकर पूछा, "आप रात भर जागने के बाद कहीं से आ रहे हैं या फिर कोई काम करने के लिए जल्दी उठ गए हैं ?" मैंने स्पष्ट किया कि मैं सिर्फ़ उसे यह बताने के लिए जल्दी उठा हूँ कि मैं उसके बेहतरीन काम का सम्मान करता हूँ।

इसके बाद मैंने उसे उस गर्मी में एक बार और देखा। उस दिन मुझे उससे बातचीत का आख़िरी मौक़ा मिला। उसने कहा, "मैं बारह साल से यह काम कर

रहा हूँ और आज तक किसी ने कभी मेरे काम के महत्व को नहीं पहचाना।" अगर गर्मियों में कचरा जमा होता रहता और कोई उठाने वाला न होता, तो ये कॉटेज कितने लंबे समय तक आकर्षक बने रह सकते थे? हो सकता है कि हम यह बात हमारा कचरा उठाने वाले लोगों को न बताएँ, लेकिन सच तो यह है कि हमें उनकी ज़रूरत है – जिस तरह हमें उन बहुत से लोगों की ज़रूरत होती है, जिन्हें हम अक्सर नज़रअंदाज़ कर देते हैं। "मुझे आपकी ज़रूरत है" : यह वाक्य कहना महत्वपूर्ण है। मुझे यह समस्या सुलझाने के लिए आपकी ज़रूरत है। मुझे इस काम में आपके साथ की ज़रूरत है। हमें इस बिज़नेस में आपकी ज़रूरत है। हमें यहाँ पर आपकी मौजूदगी की सचमुच ज़रूरत है, क्योंकि आप हमारे समुदाय का एक महत्वपूर्ण हिस्सा हैं। लोगों को यह बताने में कुछ भी ग़लत नहीं है कि आप उन पर निर्भर हैं। जे और मुझे अपने बिज़नेस में ग्राहकों की ज़रूरत थी। इसलिए हमने उन्हें सीधे-सीधे बता दिया कि हमें उनके बिज़नेस की ज़रूरत है और वे हमारे लिए महत्वपूर्ण हैं।

अपने आस-पास देखें। इस बात की कोई सीमा नहीं है कि आपको कितने सारे लोगों की ज़रूरत है, लेकिन उन लोगों में से बहुत कम दरअसल कभी आपके मुँह से यह सुनते हैं कि आपको उनकी ज़रूरत है। हम उन्हें नज़रअंदाज़ कर देते हैं और उनके बारे में ज़्यादा नहीं सोचते हैं। ऊँचे पद पर बैठा अधिकारी छोटे पद वाले कर्मचारी से यह नहीं कह सकता, "मुझे आपकी ज़रूरत नहीं है।" अगर किसी कंपनी में सिर्फ़ प्रेसिडेंट्स ही हों, तो वह कितनी सफल होगी? अगर सड़कों पर से बर्फ़ हटाने वाला कर्मचारी काम न करे, तो कंपनी का प्रेसिडेंट जाड़े में ऑफ़िस भी नहीं जा सकता। कर्मचारियों के योगदान के बिना एक्ज़ीक्यूटिव बाथरूम भी बहुत कम उपयोगी होगा। अगर प्रोडक्ट्स बनाने और मशीनों की देखभाल करने वाले कर्मचारी नहीं होंगे, तो कंपनी जल्द ही बिखर जाएगी। हमारे परिवार, स्कूल, बिज़नेस, चर्च, समुदाय – हमारा पूरा समाज – इस तथ्य पर आधारित है कि हमें ज़िंदा रहने के लिए एक-दूसरे की ज़रूरत है। आप कितने तपस्वियों को जानते हैं? एकाकी व्यक्ति दुर्लभ होते हैं और उन्हें अजीब समझा जाता है, क्योंकि हममें से बहुत कम लोग दूसरों की ज़रूरत के बिना ज़िंदगी गुज़ार सकते हैं। जैसा बारबरा स्ट्रीसैंड ने "पीपुल" में गाया था, "जिन लोगों को लोगों की ज़रूरत होती है, वे दुनिया में सबसे ख़ुशनसीब होते हैं।"

"मुझे आपकी ज़रूरत है" हमारे स्वतंत्र समाज में रचा-बसा है। हमारी अर्थव्यवस्था काम करती है, इसका एक कारण यह भी है कि लोगों को अपनी ज़रूरत होना अच्छा लगता है। यह पता होने से हमें उद्देश्य का एहसास मिलता है कि हर सुबह स्टोर खोलने, समय पर प्रोडक्ट पहुँचाने या कर्मचारियों की निगरानी करने के लिए हमारी ज़रूरत है। उन सभी प्रोफ़ेशनल्स के बारे में सोचें, जिन्हें अपनी ज़रूरत से प्रेरणा मिलती है : टीचर्स, पुलिस अफ़सर, फ़ायरफ़ाइटर्स, नर्स और डॉक्टर।

इसलिए मुझे यक़ीन है कि हम सभी को हर मौक़े पर लोगों के योगदान को स्वीकार कर उन्हें प्रोत्साहित करने की ज़िम्मेदारी निभानी चाहिए। लोग मुझसे पूछते हैं, "आपका काम क्या है ?" इस पर मैं जवाब देता हूँ, "मैं चियरलीडर हूँ।" मैं बस लोगों की हौसलाअफ़ज़ाई करता रहता हूँ। मैं लोगों को प्रोत्साहित करता हूँ। मैं हर तरफ़ घूमकर उनकी पीठ थपथपाता हूँ और उन्हें बताता हूँ कि वे बेहतरीन हैं। एमवे लोगों को ऊपर उठाने की बुनियाद पर ही बना था। हम लोगों को यह याद दिलाना चाहते थे कि वे कितने महान हैं और वे अपनी उम्मीद से बहुत ज़्यादा कर सकते हैं।

"मुझे आपकी ज़रूरत है।" यह सकारात्मक लोगों के लिए एक शक्तिशाली वाक्य है, क्योंकि यह स्वीकार करता है कि हर व्यक्ति को ईश्वर ने बनाया है और ईश्वर ने हममें से प्रत्येक को किसी उद्देश्य या ज़रूरत की पूर्ति के लिए गढ़ा है। अमेरिका में हममें से हर एक उन आवश्यकताओं को पूरा करने के लिए अपने ईश्वर-प्रदत्त गुणों का इस्तेमाल करने के लिए स्वतंत्र है। हम अतिशेष (surplus) या बेकार नहीं हैं। हम जेट इंजन के उस हिस्से की तरह हैं, जो दूसरे हिस्सों के साथ काम करके हवाई जहाज़ को हवा में रखता है। हम उस वाद्य यंत्र की तरह हैं, जिसकी ज़रूरत ऑर्केस्ट्रा को पूरा करने के लिए होती है। हम उस ग्यारहवें खिलाड़ी की तरह हैं, जिसकी ज़रूरत विजेता फ़ुटबॉल टीम को होती है।

जब हम जान जाते हैं कि किसी को हमारी ज़रूरत है, तो हम अपने बारे में बेहतर महसूस करते हैं, बेहतर प्रदर्शन करते हैं और यह दिखाने के लिए और ज़्यादा काम करना चाहते हैं कि हमारी सचमुच कितनी ज़्यादा ज़रूरत है। मुझे हमेशा एमवे के उत्पादन कारख़ानों में घूमने में मज़ा आया है। मैं मशीनों और

असेम्बली लाइन्स को देखकर हैरान रह जाता हूँ, जो कच्चे माल को घरेलू प्रोडक्ट्स में बदलती हैं, कुशलता से बॉक्स और बोतलें बनाती हैं, उनमें पाउडर या द्रव भरती हैं और फिर सील करके लेबल लगाती हैं, ताकि वे ग्राहकों तक पहुँचाने के लिए तैयार हो जाएँ। लेकिन मैं उस इंसानी दिमाग़ के बारे में सोचकर तो और भी हैरान हो जाता हूँ, जिसने ये मशीनें बनाईं। मैं उन लोगों के बारे में भी सोचता हूँ, जिन्होंने अलग-अलग पुर्ज़े बनाए और मशीनें जोड़ीं। मैं असेम्बली लाइन्स और प्लांट्स में काम करने वाले हमारे कर्मचारियों में सबसे ज़्यादा दिलचस्पी लेता हूँ, जो हर दिन समय पर काम करने आते हैं और बख़ूबी अपना काम पूरा करते हैं। उत्पादन करने वाले कारख़ानों और ऑफ़िसों के एक मील लंबे कॉम्प्लेक्स में हर कामकाजी दिन में चहल-पहल होती है, क्योंकि हज़ारों लोग काम करने आते हैं। ऐसा सिर्फ़ अमेरिका की ही नहीं, बल्कि दुनिया भर की हज़ारों कंपनियों में होता है।

जो लोग मेरे साथ हमारे कारख़ानों का दौरा करते हैं, वे कहते हैं कि मेरे कर्मचारियों से कितने अच्छे संबंध हैं। वे इस बात पर टिप्पणी करते हैं कि मैं उनमें बहुत दिलचस्पी दिखाता हूँ और उनसे हल्के-फुल्के मज़ाक़ करता हूँ। कर्मचारी भी असेम्बली लाइन से आकर मुझसे हाथ मिलाते हैं या फिर काम करते-करते ही ऊपर देखते हैं और चौड़ी मुस्कान के साथ कहते हैं, "हाय रिच।" मुझे यक़ीन है कि यह संबंध काफ़ी हद तक आपसी ज़रूरत पर बना है - हमें अपने बिज़नेस में अत्यावश्यक काम करवाने के लिए उनकी ज़रूरत है और उन्हें अपनी आजीविका चलाने के लिए हमारी ज़रूरत है। मैं उन्हें यह बात बता देता हूँ कि उनके बिना उस दिन एक भी प्रोडक्ट नहीं बन सकता और समुद्र पार नहीं जा सकता। हमारे डिस्ट्रिब्यूटर्स को अपना बिज़नेस बनाने के लिए उनमें से हर एक की ज़रूरत है। मैंने यह दिखाया है कि मैं उनमें से हर एक के मूल्य और महत्व से वाक़िफ़ हूँ, चाहे उनका काम जो भी हो। मुझे यक़ीन है कि हममें से हर व्यक्ति ईश्वर की संतान है और हम यहाँ पर किसी उद्‌देश्य से आए हैं, इसलिए हम इंसान के रूप में सम्मान के हक़दार हैं।

बरसों पहले मैंने फ़्लोरिडा में देर रात के रेडियो टॉक शो में लैरी किंग का अतिथि बनने का आनंद लिया। मेरी दिलचस्पी देश भर के लोगों की विभिन्न

रायों में थी, जो अपने विचार व्यक्त करने के लिए फ़ोन करते थे। हालाँकि यह अच्छा लगता था, लेकिन दुर्भाग्य से मुझे मोहभंग, हताशा और निराशा के संसार की झलक भी दिखी। एक फ़ोन करने वाले ने मुझसे कहा, "मैं पूँजीवाद और साम्यवाद के बीच फ़र्क़ नहीं जानता हूँ। एक में आप राज्य के ग़ुलाम होते हैं और दूसरे में पूँजीवादी सुअरों के। हम सब किसी न किसी के ग़ुलाम हैं।" उसकी बात से मेरा दिल दुखने लगा। उसकी ऐतिहासिक दृष्टि विकृत थी। वह स्वतंत्र अमेरिकियों की पीढ़ियों की उपलब्धियाँ या तो भूल गया था या देख नहीं पाया था। मैंने उस वक़्त सोचा कि उसके नज़रिए में सफलता का डर और लीडरशिप के प्रति अविश्वास साफ़ झलक रहा था। मुझे यह विश्वास भी है कि उसे कभी सचमुच यह एहसास ही नहीं हुआ होगा कि किसी को उसकी ज़रूरत है और किसी ने उसे कभी यह भी नहीं बताया होगा कि वह महत्वपूर्ण है। वह गरिमामयी इंसान के बजाय ग़ुलाम जैसा महसूस करता था, क्योंकि उसके योगदानों को मान्यता या सम्मान नहीं मिलता था। मुझे यक़ीन है कि ऐसे बहुत से लोग हैं, जिनके मन में यह ग़लत छवि है कि बेहतर समाज और भविष्य के लिए स्वतंत्र योगदान देने के बजाय उन्हें ग़ुलाम बनने की ज़रूरत है। वे यह बात सुनने के लिए बुरी तरह छटपटा रहे हैं, "मुझे आपकी ज़रूरत है।"

जब मैं इतने बरसों की अपनी लीडरशिप पर विचार करता हूँ, तो मेरे सामने यह एकदम साफ़ हो जाता है कि लीडर्स के लिए यह कहना या यह संदेश देना बेहद महत्वपूर्ण है : "मुझे आपकी ज़रूरत है।" जो भी प्रभावी लीडर बनता है और बहुत से अनुयायियों का सम्मान और प्रशंसा जीतता है, वह जानता है कि उसे उन लोगों की ज़रूरत है। कुछ लीडर्स जितना ज़्यादा ऊपर चढ़ते हैं, वे उन लोगों को उतना ही ज़्यादा अनदेखा कर देते हैं, जिन्हें उन्होंने पीछे छोड़ दिया है और जिनकी अब उन्हें कोई ज़रूरत नहीं है। यह घातक ग़लती है। जिन कंपनियों के कर्मचारियों को महसूस होता है कि उनकी ज़रूरत नहीं है, वे असफल होने के लिए अभिशप्त हैं या कम से कम अनिश्चितता और असंतुष्टि की कष्टकारी यात्रा के लिए तो हैं ही। हममें से कोई भी इतना ज़्यादा महत्वपूर्ण या आत्मनिर्भर नहीं है कि हमें दूसरे लोगों की ज़रूरत ही न हो। तो क्यों न हम अपने घरों, ऑफ़िसों और समाज में लोगों से यह कहकर ज़्यादा सकारात्मक माहौल बनाएँ, "मुझे आपकी ज़रूरत है?"

8

"मैं आप पर विश्वास करता हूँ"

मेरे एक मित्र ने एक बार मुझे बताया कि उसके परिवार में "विश्वास पदक" की परंपरा है। जब बच्चे इक्कीस साल की उम्र में पहुँच जाते हैं, तो वे इस विश्वास पदक (medal) के हक़दार हो जाते हैं। इसे हासिल करने के लिए यह ज़रूरी होता है कि परिवार और समुदाय में उनके अच्छे विश्वसनीय संबंध हों। इसके लिए उन्हें नियमों तथा जीवनमूल्यों के अनुरूप जीना होता है, बुरी आदतों से दूर रहना पड़ता है और माता-पिता का विश्वास जीतना होता है। बदले में माता-पिता बच्चों को अपने विश्वास के प्रतीक के रूप में यह पदक पहनाते हैं। जब परिवार के लोग बच्चे का इक्कीसवाँ जन्मदिन मनाने के लिए एकत्रित होते हैं, तो विश्वास पदक पहनाने की रस्म होती है और इस उपलब्धि पर जश्न मनाया जाता है। मुझे यह विचार बहुत अच्छा लगा कि परिवार के सदस्य विश्वसनीय बनने में एक-दूसरे की इस तरह मदद कर सकते हैं और यह प्रदर्शित कर सकते हैं कि वे अपने सभी संबंधों में विश्वास को कितना महत्व देते हैं।

"मैं आप पर विश्वास करता हूँ" ("I trust you") सकारात्मक लोगों के लिए एक और बहुत महत्वपूर्ण वाक्य है। हमारे समाज की सफलता इस विश्वास पर निर्भर करती है कि हम अच्छा काम करेंगे, एक-दूसरे के प्रति ईमानदार रहेंगे और अपने वादे पूरे करेंगे। हमें सहकर्मियों और परिवारों के साथ अपने संबंधों में विश्वास की ज़रूरत होती है। हम अपने बच्चों पर विश्वास करते हैं और वे भी हम पर विश्वास करते हैं। हममें से कई को बहुत ज़्यादा ज़िम्मेदारियाँ सौंपी जाती हैं; वे सभी विश्वास की बुनियाद पर टिकी होती हैं। अगर आप ग़ौर करें, तो जीवन में हमारे ज़्यादातर काम कमोबेश विश्वास पर ही आधारित होते हैं -

जैसे ट्रैफ़िक में गाड़ी चलाना, काम करना, अच्छी तरह से काम करने के बदले हर हफ़्ते तनख़्वाह पाना, शॉपिंग और बैंकिंग, वैवाहिक और पारिवारिक संबंध, पड़ोसियों से व्यवहार। असल बात को समझें। हममें से कोई भी ऐसे व्यक्ति के साथ संबंध नहीं रखना चाहता, जो विश्वसनीय न हो। और हम निश्चित रूप से किसी अविश्वसनीय लीडर का अनुसरण नहीं करना चाहेंगे।

विश्वास लीडरशिप का प्रमुख गुण है। योग्य लीडर बनने के लिए आपको विश्वसनीय बनना होगा। लीडरशिप न सिर्फ़ हमारे ख़ुद के जीवन में, बल्कि मूलतः घर पर शुरू होती है। पारिवारिक लीडरशिप के लिए यह आवश्यक होता है कि वह सदस्य इतना विश्वसनीय और योग्य हो कि उसका अनुसरण किया जा सके। हर अभिभावक लीडरशिप की भूमिका में होता है। हमारे बच्चों को यह जानने की ज़रूरत है कि वे हम पर विश्वास कर सकते हैं, कि हम जो कहते हैं वह सच है और यह कि हम अपनी ज़िंदगी में सही मार्ग पर चल रहे हैं। हमें विश्वास करने की ज़रूरत है कि हमारा बॉस नैतिकता और सही व्यावसायिक नीतियों के आधार पर कंपनी चला रहा है और हर कर्मचारी के साथ न्यायपूर्ण बर्ताव कर रहा है। अगर हम सत्ताधारी नेताओं पर भरोसा नहीं कर सकते, तो हमारा प्रजातंत्र ख़तरे में है।

जब आपके पास विश्वसनीयता का गुण होता है, तो लोग आपके जैसा बनना चाहते हैं, आपके दोस्त बनना चाहते हैं, आपका अनुसरण करना चाहते हैं, आपके साथ बिज़नेस करना चाहते हैं या आपके पार्टनर बनना चाहते हैं। ऐसे लोगों के बारे में सोचें, जिनके साथ आप किसी भी तरह का संबंध जोड़ना चाहते हों। आप उनमें जिस एक गुण की यक़ीनन तलाश करेंगे। वह है विश्वसनीयता।

मैंने अपने सभी संबंध विश्वास पर ही क़ायम किए हैं। एमवे की सभी इमारतें - शुरुआती और सबसे छोटे उत्पादन कारख़ाने से लेकर एक मील लंबे कॉम्प्लेक्स की बाक़ी सभी इमारतों तक - सिर्फ़ हाथ मिलाने से बनी हैं। एमवे ग्रांड प्लाज़ा होटल हाथ मिलाने के अनुबंध पर बना था; हमारे बीच कभी कोई अनुबंध या क़रार नहीं हुआ। शुरुआती दिनों में हमारा कॉन्ट्रैक्टर डैन वॉस हमें योजना के साथ अनुमानित लागत बता देता था और जे तथा मैं कहते थे, "ठीक है, चलो यह काम कर देते हैं।" काम पूरा होने पर डैन सामान की लागत और

मज़दूरी का हिसाब लगाकर कहता था, "यह रही लागत और यह रहा मेरा 10 प्रतिशत।" अपने मुनाफ़े के रूप में वह कुल लागत का सिर्फ़ 10 प्रतिशत ही लेता था। हमने शुरुआत एक छोटी इमारत से की थी, इसलिए दाँव पर बहुत ज़्यादा था भी नहीं। लेकिन डैन ने अपनी विश्वसनीयता दिखाई और बाद में हम बड़ी इमारतों के मामले में भी विश्वास की इसी नीति पर चलते रहे।

दुर्भाग्य से सभी लोग डैन जितने विश्वसनीय नहीं होते हैं। हमारा पाला हमेशा ऐसे लोगों से भी पड़ता है, जिनकी ज़ुबान का कोई मतलब नहीं होता है और जो अपने फ़ायदे के लिए सिस्टम को हराने की कोशिश करते हैं। अविश्वास के फलस्वरूप हम अजनबियों के प्रति ज़रूरत से ज़्यादा शंकालु हो जाते हैं। कुछ बैंक्स या स्टोर्स में तो चेक भुनवाने के लिए आपको कम से कम दो लोगों से पहचान प्रमाणित करवाने की ज़रूरत होती है, ताकि यह सुनिश्चित किया जा सके कि पहचान पत्र चुराया तो नहीं गया है। हमें हवाई अड्डे में सुरक्षा जाँच के लिए अपने जूते खोलने पड़ते हैं, ताकि आतंकवाद से रक्षा हो सके। बहरहाल, जब आप इस बात पर विचार करते हैं कि दुनिया में हर दिन कितने सारे व्यावसायिक सौदे होते हैं, तो ग़लत चेक और सुरक्षा के जोखिम दरअसल दुर्लभ ही लगते हैं। सौभाग्य से हमारा समाज और अर्थव्यवस्था सुचारु ढंग से काम करते हैं और इसका कारण यह है कि हममें से ज़्यादातर लोग विश्वसनीय होते हैं।

जे के साथ मेरी बिज़नेस साझेदारी में हमारा विश्वास इतना मज़बूत था कि हम दोनों में से कोई भी निर्णय ले सकता था, चाहे उसमें कितनी ही धनराशि शामिल हो, और दूसरा बस उसे स्वीकार कर लेता था। यह अपने आप मान लिया जाता था कि हममें से एक ने जो फ़ैसला कर लिया, हम दोनों ही उसके प्रति निष्ठावान रहेंगे। जे कहता था, "देखो, अगर रिच ने वादा किया है, तो यह मेरे लिए अच्छा है।" या मैं कहता था, "ठीक है। जे जो कहता है, वही होगा। अगर वह यहाँ अकेला है और मैं यहाँ नहीं हूँ, तो निर्णय उसे ही लेने हैं।"

विश्वास अनुभव से विकसित होता है। जे के साथ मेरा विश्वास हमारी दोस्ती की शुरुआत से ही जम गया था। हम हाई स्कूल से ही एक साथ बिज़नेस करने के बारे में बातें कर रहे थे। बस एक ही सवाल था, "किस तरह का बिज़नेस ?" दरअसल जब जे ने हमारा एविएशन बिज़नेस शुरू किया, तब मैं द्वितीय विश्व

युद्ध के ठीक बाद विदेश में सेवा कर रहा था। युद्ध के बाद वह मुझसे पहले घर लौट आया था और एक फ़्लाइंग स्कूल खोलने की सोच रहा था, क्योंकि हम दोनों को ही यह विश्वास था कि द्वितीय विश्व युद्ध के बाद हवाई जहाज़ों का युग आने वाला है। हमने युद्ध में इतने सारे हवाई जहाज़ और पायलट देखे थे कि हमने यह कल्पना की कि हर व्यक्ति के आँगन में एक हवाई जहाज़ खड़ा होगा। हालाँकि ऐसा कभी नहीं हुआ, लेकिन हवाई उद्योग ऐसे मायनों में बड़ा बन गया, जिनके बारे में हम सपने में भी नहीं सोच सकते थे।

मैं मारियानाज़ आईलैंड्स में था, जब जे ने मुझे पत्र लिखकर बताया कि वह एक आदमी से बात कर रहा था, जो क़स्बे के उत्तरी सिरे पर एक नई हवाई पट्टी बनाने वाला है – छोटा सा हवाई अड्डा। उसने कहा कि वह व्यक्ति ऐसे निवेशकों की तलाश में है, जो हवाई अड्डे के संचालन में मदद करें, लोगों को हवाई जहाज़ उड़ाने का प्रशिक्षण दें और यात्रा सेवाएँ शुरू करें। यह जानने के बाद मैंने अपने पिता से कहा कि वे मेरी सारी जमा-पूँजी जे को दे दें, जो मैं एयर फ़ोर्स की साठ डॉलर की मासिक तनख़्वाह से बचाने में कामयाब हो गया था। मेरी कुल बचत सात सौ डॉलर थी। अपनी ज़िंदगी भर की बचत जे के हवाले करते समय मैंने एक भी सवाल नहीं पूछा। इसका मतलब सारांश में अपने दोस्त जे से यह कहना था, “मैं आप पर विश्वास करता हूँ।”

विश्वास न सिर्फ़ दोस्ती में, बल्कि समाज में भी अनिवार्य है। ज़रा सोचें, हमारा पूरा समाज किस तरह विश्वास पर चलता है। विश्वासरहित समाज में कंपनियों को काम करने में बहुत मुश्किल होगी, क्योंकि कॉन्ट्रैक्ट्स का कोई महत्व ही नहीं होगा। ट्रैफ़िक नहीं चल पाएगा, क्योंकि लोगों को विश्वास नहीं रहेगा कि लाल बत्ती होने पर दूसरी कारें रुक जाएँगी। माता-पिता बच्चों को स्कूल नहीं भेजेंगे, क्योंकि उन्हें टीचर्स पर अविश्वास होगा। सम्मान और विश्वास का मूलभूत स्तर न हो, तो हमारे क़स्बे और शहर ठहर जाएँगे।

बिज़नेस, समाज और हमारे विश्व समुदाय को सुचारु ढंग से चलने के लिए विश्वास की ज़रूरत होती है। जब देश एक-दूसरे के साथ सहयोग करने या संबंध बनाने में कामयाब नहीं होते हैं, तो इसके पीछे अक्सर विश्वास की कमी होती है। नेता बेईमान होते हैं और वे एक-दूसरे का सामना करने, एक-दूसरे से नज़रें

मिलाने और समाधान के प्रति समर्पित होने में असमर्थ होते हैं।

शीत युद्ध के दौरान रोनाल्ड रीगन सोवियत संघ के साथ निबटने की जो सबसे अच्छी नीति आज़मा सकते थे, वह थी "विश्वास करो लेकिन पुष्टि करो" की रणनीति। हमें सोवियत संघ की आक्रमण क्षमता की पुष्टि करने की ज़रूरत थी, क्योंकि हम उन आश्वासनों पर भरोसा नहीं कर सकते थे, जो वे शिखर वार्ताओं या समझौता वार्ताओं में देते थे। विश्वास के बिना पहिए थम जाते हैं और ट्रेनें समय पर नहीं चल सकती हैं। विश्वास के बिना संगठन, समाज या संबंध नहीं चल सकता - चाहे यह वैवाहिक जीवन हो, चर्च हो या स्कूल हो। अगर आपको यह भरोसा नहीं है कि टीचर हर दिन आएगा, ईमानदारी से विद्यार्थियों को ग्रेड देगा और अपने प्रिय विद्यार्थियों के साथ पक्षपात नहीं करेगा, तो विश्वास टूट जाता है। अगर हमें सत्ता के लोगों या बड़ी ज़िम्मेदारी के पद पर बैठे लोगों - पुलिस अफ़सरों से लेकर अमेरिका के राष्ट्रपति तक - पर भरोसा नहीं है, तो वह गोंद चली जाती है, जो हमारे समाज को जोड़े रखती है।

विश्वसनीय समाज में भी हमें दूसरे व्यक्ति की बातों पर शक हो सकता है। अक्सर ऐसा इसलिए होता है क्योंकि झूठे विज्ञापनों या टूटे वादों या अविश्वसनीय लोगों के चलते हम अपने हाथ जला चुके हैं। इसलिए हम अतिरिक्त सुरक्षा साधन रखते हैं, बैकअप सिस्टम रखते हैं, ताकि लोगों को यह यक़ीन हो जाए कि हम अपने वादे के पक्के हैं। हम यह सुनिश्चित करते हैं कि हम इस पर हाथ मिलाएँ या "ईश्वर की शपथ लें और वादा तोड़ने पर मर जाएँ?" या हम अपना दायाँ हाथ बाइबलों के ढेर पर रखें या अनुबंध पर दस्तख़त करें। लेकिन बाइबल में बताया गया है कि विश्वसनीय होने के लिए सिर्फ़ इतना ज़रूरी है कि हमारी हाँ का मतलब हाँ हो और हमारी ना का मतलब ना हो - किसी अतिरिक्त आश्वासन की ज़रूरत नहीं है। विश्वसनीय समाज में सिर्फ़ हमारी कही बात ही काफ़ी होना चाहिए।

लाखों-करोड़ों लोगों से वास्ता रखने वाली विश्वव्यापी कंपनी होने के नाते मुझे यह सच्चाई माननी ही पड़ेगी कि ज़्यादातर लोग विश्वसनीय होते हैं और मुझे लोगों पर विश्वास करना चाहिए। मैंने आधी दुनिया पार के अजनबी लोगों पर भी भरोसा किया। हम एडा, मिशिगन के प्लांट में बने एमवे प्रोडक्ट्स के कंटेनर

ट्रक या ट्रेन में रखते थे और वे वेस्ट कोस्ट पहुँचा दिए जाते थे, यहाँ से वे जहाज़ पर लादकर टोकियो की ओर रवाना कर दिए जाते थे। वहाँ से उन्हें दोबारा एशिया भर में वितरित किया जाता था या फिर कुछ प्रोडक्ट्स को दूसरे जहाज़ों के ज़रिये सिडनी, ऑस्ट्रेलिया भेजा जाता था। फिर इन प्रोडक्ट्स का ऑर्डर दिया जाता था और उन्हें ऑस्ट्रेलिया भर के हमारे डिस्ट्रिब्यूटर्स के पास भेजा जाता था। अगर मुझे लोगों पर भरोसा नहीं होता और यह यक़ीन नहीं होता कि ये प्रोडक्ट्स सही समय पर सही लोगों को मिल जाएँगे, तो मैं चैन से नहीं सो पाता।

विश्वास का मतलब है वादे के मुताबिक़ काम करना। मैंने बिज़नेस में जल्दी ही सीख लिया कि सफलता इसी सरल सिद्धांत पर निर्भर करती है। हमने अपना पहला एमवे प्रोडक्ट, जिसे हमने एल.ओ.सी. (लिक्विड ऑर्गेनिक क्लीनर) नाम दिया था, डेट्रॉइट के एक अनुभवहीन निर्माता से बनवाया था। यह पहली कंपनी थी, जिसके साथ हमने बिज़नेस किया था और इसका मालिक बिलकुल अविश्वसनीय साबित हुआ। वह एक सा प्रोडक्ट नहीं बना पाया। उसने हमें पहले जो प्रोडक्ट बेचे, उनमें लाल ढक्कन थे, लेकिन बाद वाले ऑर्डर में पीले ढक्कन निकले और उसके बाद वाले में नीले। एल.ओ.सी. का द्रव कई बार रंगहीन होता था, तो कई बार पीला। पिछले बिज़नेस सौदों का उस पर काफ़ी उधार चढ़ा हुआ था, इसलिए हमारे दिए पैसों से वह अपने क़र्ज़ चुका देता था। उसके पास नए प्रोडक्ट बनाने के लिए कच्चा माल ख़रीदने का पैसा ही नहीं बचता था।

कई बार वह हमें ऐसी बोतलें टिका देता था, जो वह किसी और सप्लायर से ख़रीदता था और किसी दूसरे प्रोडक्ट के लेबल के ऊपर हमारा लेबल चिपका देता था। एक बार हमें एक ऐसा शिपमेंट मिला, जिसमें हमारे लेबल गिर गए - और इसके बाद ही हमें यह पता चला कि उसने हमारा नाम उन बोतलों पर चिपका दिया था, जिनमें टॉयलेट बाउल क्लीनर भरा जाता था! चूँकि वह विश्वसनीय नहीं था, इसलिए हमने दूसरा सप्लायर खोज लिया, जो हमारा प्रोडक्ट बनाने के लिए राज़ी हो गया। लेकिन पहले सप्लायर ने फ़ॉर्मूला चुराने का आरोप लगाकर हम पर ढाई लाख डॉलर का मुकदमा ठोंक दिया। जे और मैं इस बात पर ख़ूब हँसे कि वह हमें - या हमारे छोटे बिज़नेस - को इतना ज़्यादा मूल्यवान समझता है! हमने कई महत्वपूर्ण सबक़ सीखे। हमें ऐसे भरोसेमंद लोगों की ज़रूरत थी,

जो हमें एक सी गुणवत्ता वाले प्रोडक्ट्स समयसीमा में बनाकर दे सकें। हम जानते थे कि प्रोडक्ट्स ख़ुद-ब-ख़ुद नहीं बिकते हैं और हमारे बिज़नेस की सफलता लोगों के आपसी संबंधों और विश्वास की बुनियाद पर टिकी है। एमवे आज सैकड़ों प्रोडक्ट्स बनाता है। गुणवत्ता नियंत्रण के मामलों में हम बहुत सख़्त हैं। यही कारण है कि उन्हें बेचते समय हम संतुष्टि की गारंटी देने में ज़रा भी नहीं हिचकिचाते हैं। हमारे सभी प्रोडक्ट्स एक दोस्त से दूसरे दोस्त को, परिवार के एक सदस्य से दूसरे सदस्य को बेचे जाते हैं। लोग उन लोगों से ख़रीदते हैं, जिन पर उन्हें भरोसा होता है।

विश्वास स्वर्णिम नियम पर आधारित है : यह भरोसा करना कि लोग हमारे साथ वही व्यवहार करेंगे, जैसा वे अपने साथ चाहते हैं। यह हमें न सिर्फ़ आश्वस्त करता है, बल्कि विश्वसनीय बनने के लिए भी प्रोत्साहित करता है। मुझे गर्व है कि हमारी व्यावसायिक योजना कभी नहीं डगमगाई। पचास सालों से साल दर साल एमवे में बिज़नेस प्लान के आधार पर लोगों को भुगतान दिया जा रहा है, जो उनके प्रोडक्ट्स की बिक्री और उनके द्वारा स्पॉन्सर्ड व्यक्तियों द्वारा बेचे गए प्रोडक्ट्स पर आधारित होता है। अगर कोई व्यक्ति किसी को एमवे बिज़नेस में स्पॉन्सर करता है, तो वह स्पॉन्सरशिप लाइन में बना रहता है। यह विश्वास है। यह एक ऐसी ज़िम्मेदारी है, जिसे वे निभाते हैं। यही नहीं, लोगों के मरने के बाद भी हम उनके वारिसों को उस लाभ का हिस्सा देते रहते हैं, जो उनके एमवे बिज़नेस से उत्पन्न हुआ है।

जब कोई यह कहकर आपको सम्मान देता है, "मैं आप पर विश्वास करता हूँ," तो आप इसके महत्व को समझ सकते हैं। मैं यह काम पूरा करने के लिए आप पर विश्वास करता हूँ, भले ही आप पर नज़र रखने के लिए मैं यहाँ पर मौजूद नहीं रहूँगा। मैं इस भारी-भरकम ज़िम्मेदारी के मामले में आप पर भरोसा करता हूँ। मुझे आप पर भरोसा है कि आप मुझसे उसी समय मिलेंगे, जब आपने कहा है। मैं आप पर विश्वास करता हूँ कि आप मेरा लोन चुका देंगे। मैं कार की चाबियों के साथ आप पर विश्वास करता हूँ।

हम किसी पर विश्वास करते हैं, यह बताते समय सबसे सकारात्मक प्रभाव डालने और विश्वसनीय बनने के लिए ख़ुद अपनी छवि भी सुरक्षित रखनी होगी।

अगर हम वादा पूरा न कर पाएँ या अपनी बात से पलट जाएँ, तो विश्वास जल्दी ही नष्ट हो सकता है। टूटे विश्वास को जोड़ना बहुत मुश्किल होता है। यह ख़ास तौर पर बच्चों के मामले में सच है। जब आप बच्चों को बताएँ कि आप उनके लिए कुछ करेंगे, तो वह काम ज़रूर करें। इससे उनका विश्वास बढ़ता है। अगर आप वादा पूरा नहीं कर सकते, तो उन्हें यह ईमानदारी से बता दें, ताकि वे गुमराह न हों। भले ही इससे उनके दिल को चोट पहुँचे, लेकिन हमें बच्चों के साथ पूरी तरह ईमानदार होना सीखने की ज़रूरत है।

जब मैं बड़ा हो रहा था, तो मेरे कुछ माँगने पर माता-पिता अक्सर कहते थे, "तुम्हें पता होना चाहिए, हम इसका ख़र्च नहीं उठा सकते।" यह जवाब आसान और पूरी तरह सच था। दरअसल, ईमानदार जवाब महत्त्वपूर्ण है, ताकि हम जब भी कुछ बोलें, तो लोग हमारी बात पर भरोसा कर सकें। हमें हर समय उनके साथ विश्वास का स्तर क़ायम रखने की ज़रूरत है, चाहे हमारा जवाब जो भी हो। हमें अपने जवाबों के बारे में पूरी तरह सोचने की ज़रूरत है कि हम क्या कर सकते हैं और क्या नहीं, क्या करेंगे और क्या नहीं। अगर आप लोगों से सच बोलते हैं, तो आपको हमेशा उनका विश्वास हासिल होगा।

इंसान विश्वसनीय बनकर विश्वास हासिल करता है, लेकिन संभवतः आप ऐसे लोगों को जानते होंगे, जो अविश्वसनीय साबित हो चुके हैं। आपने जिन लोगों के साथ बिज़नेस किया है, शायद उनमें से कुछ ने थोड़ा धोखा दिया हो, किसी ऑर्डर के सारे विवरण उपलब्ध नहीं कराए हों या स्थायी ग्राहक बनते ही आपके ऑर्डर पूरे करने में लापरवाही बरतने लगे हों। इस तरह के लोग आपके विश्वास को तोड़ते हैं। मैंने अपनी ज़िंदगी में नाव पर काफ़ी सैर की है, इसलिए मैं समाज में विश्वास खोने के ख़तरों की तुलना सेलबोट पर विश्वास खोने से करता हूँ। सेलिंग टीम स्पोर्ट है और ख़तरनाक हो सकता है। एक बड़ी सेलबोट में बहुत से हिलने वाले पुर्ज़े होते हैं और तेज़ हवा चलने या तूफ़ान आने पर बहुत सी चीज़ें ग़लत हो सकती हैं और लोगों को चोट लग सकती है।

मैंने हाल ही में एक युवक से बात की, जिसने हमारे साथ रेसिंग की थी। उसका काम अटकी पाल या उलझी हुई रस्सी को खोलने के लिए हमेशा तैयार रहना था। रस्सी टूटने की आशंका हमेशा रहती है, जो अचानक उसे उड़ाकर मस्तूल

के शिखर पर पहुँचा सकती है या डेक पर गिरा सकती है। उसने मुझे हाल ही का एक अनुभव बताया, जिसमें वह मस्तूल से बँधी एक रस्सी से बेक़ाबू होकर झूलने लगा। नाव तूफ़ान में हिचकोले खा रही थी और आसमान में बिजली चमक रही थी। वह मस्तूल के शिखर पर अटकी पाल खोलने की कोशिश कर रहा था, तभी अचानक वह पलट गया और चोट लगने से बेहोश हो गया। जब भी नाव हिलती थी, वह लहराकर मस्तूल से टकरा जाता था। जब तक बाक़ी के नाविक उसे खोलने और नीचे उतारने के लिए आते, वह बुरी तरह चोट खा चुका था और बेहोश हो चुका था। सात या आठ नॉट्स की गति से तैर रही नाव बंदरगाह से घंटों दूर थी। आख़िरकार उन्होंने उसे अस्पताल पहुँचाया, जहाँ वह ठीक हो गया। लेकिन सबक़ यह है कि ज़िंदगी की तरह ही नाव के भी अपने ख़तरे हैं और हमें उन कामों के लिए दूसरों पर विश्वास करने की ज़रूरत है, जिन्हें हम अकेले नहीं कर सकते।

आपको सेलबोट पर अपने साथियों पर विश्वास करने की ज़रूरत होती है। रस्सियाँ टूट सकती हैं और सामान उड़ सकता है। विंच ख़तरनाक हो सकता है, अगर उसे चला रहा व्यक्ति फुर्ती से काम न करे। सेलिंग निश्चित रूप से एक टीम स्पोर्ट है, जिसमें बहुत तालमेल की ज़रूरत होती है। ज़िंदगी की तरह ही इसमें भी जोखिम रहते हैं, ख़ास तौर पर जब मौसम गड़बड़ हो। सेलिंग टीमवर्क है और नाविकों तथा कप्तान के बीच भरोसा होना चाहिए, नाव खेने वालों और पतवार सही करने वाले और उलझी रस्सियों को सीधा करने वालों के बीच भरोसा रहना चाहिए। उन्हें अपने काम अच्छी तरह करने के लिए एक-दूसरे पर भरोसा होना ही चाहिए, क्योंकि ज़रा सी भी ग़लती का मतलब हो सकता है कि किसी की उँगली चली जाए या कोई गिर जाए। ज़िंदगी टीमवर्क है। जिस तरह सेलिंग में कप्तान, नाविकों और पूरे क्रू के बीच यह विश्वास होता है कि हर व्यक्ति अपना काम विशेषज्ञता से करेगा, उसी तरह ज़िंदगी में भी होता है। हमें उन लोगों पर विश्वास करने की ज़रूरत है, जो हमसे ज़्यादा जानते हैं। ज़िंदगी ख़तरनाक हो सकती है। हमें लोगों पर यह भरोसा करने की ज़रूरत है कि वे सही तरीक़े से काम करेंगे और ऐसे तरीक़ों से काम नहीं करेंगे, जो बाक़ी लोगों के लिए नुक़सानदायक हों।

ऑरलैन्डो मैजिक टीम में विश्वास का मतलब है निःस्वार्थता। हर खिलाड़ी अपना ख़ुद का रिकॉर्ड बढ़ाना चाहता है और पॉइंट स्कोर करना चाहता है, लेकिन बॉल को पास देना इसकी कुंजी है। जिस खिलाड़ी के पास शॉट लगाने के लिए रास्ता साफ़ नहीं है, उसे दूसरे को पास दे देना चाहिए, भले ही वह शॉट मारना चाहता हो। पास देने के अलावा खिलाड़ियों को कोर्ट के दोनों सिरों पर काम करके निःस्वार्थता का परिचय देना होता है। बास्केटबॉल बहुत थकाने वाला खेल है, जिसमें खिलाड़ी कोर्ट पर इधर से उधर भागते रहते हैं और कभी आक्रमण तो कभी रक्षण की भूमिका तेज़ी से बदलते रहते हैं। रक्षात्मक खेलना ख़ास तौर पर थकाने वाला होता है। खिलाड़ियों के पैर थक जाते हैं और उनके निशाने चूकने लगते हैं। वे सही शॉट लगाने की लय खोने लगते हैं। खिलाड़ियों को रक्षात्मक बनने और आक्रामक शूटर बनने के बीच पलक झपकते ही प्रतिक्रिया करने में निपुण होना चाहिए। आक्रमण से रक्षण की मुद्रा में आने और इसका विपरीत करने के लिए बहुत शारीरिक योग्यता और मानसिक अनुशासन की ज़रूरत होती है, लेकिन सफल टीम बनाने के लिए इसी की तो ज़रूरत है। विश्वास का मतलब है निःस्वार्थ बनना - वह करना जो हर एक के लिए सर्वश्रेष्ठ है, भले ही आप इसका विपरीत करके ख़ुद को सबसे ज़्यादा फ़ायदा पहुँचा सकते हों। हमें वह प्रदर्शन करने के लिए अनुशासन की ज़रूरत है, जिसकी टीम से अपेक्षा की जाती है।

"मैं आप पर विश्वास करता हूँ" : यह शक्तिशाली वाक्य कहने से उन लोगों के आपसी संबंध मज़बूत हो जाते हैं, जो एक-दूसरे पर निर्भर होते हैं। हमें अपने परिवार, वैवाहिक जीवन, ऑफ़िस और समाज में विश्वास के व्यक्तिगत, अलिखित अनुबंध की ज़रूरत है। "मैं आप पर विश्वास करता हूँ" कहकर हमें यह जता देना चाहिए कि हम ख़ास बंधन में जुड़े लोगों पर भरोसा करते हैं। सेलिंग क्रू या बास्केटबॉल टीम की तरह ही हमारा समाज भी विश्वास पर चलता है। हम एक-दूसरे पर उसी तरह निर्भर रहते हैं, जिस तरह टीम के साथी रहते हैं। किसी को "मैं आप पर विश्वास करता हूँ" कहने से एक ख़ास संदेश जाता है। मैं अपने बच्चों और नाती-पोतों, दोस्तों और बिज़नेस सहयोगियों से हर अवसर पर कहने के लिए अब भी बेक़रार रहता हूँ, "मैं आप पर विश्वास करता हूँ।"

9

"मैं आपका सम्मान करता हूँ"

मेरे पिताजी साइमन की समाज में हमेशा बहुत अच्छी प्रतिष्ठा रही। हर व्यक्ति उन्हें पसंद करता था। मेरे हिसाब से उन्हें इसलिए पसंद किया जाता था, क्योंकि वे ख़ुद भी लोगों को पसंद करते थे और उनका सम्मान करते थे। उन्होंने मुझे एक बहुत मूल्यवान नसीहत दी, जो यह थी कि हर व्यक्ति महत्वपूर्ण होता है और उसके पास कोई न कोई प्रतिभा होती है। चाहे वह जो भी हो या जो भी करता हो, हर व्यक्ति किसी न किसी के लिए महत्वपूर्ण होता है। इसलिए हमें हर व्यक्ति का सम्मान करना सीखना चाहिए। आप सम्मान दिखाकर सम्मान अर्जित करते हैं। वास्तव में इस पुस्तक के वाक्यों का इस्तेमाल करने का मतलब हर जानने या मिलने वाले व्यक्ति के प्रति सम्मान दिखाना है। जब हम हर व्यक्ति में सकारात्मक चीज़ों और गुणों की तलाश करते हैं, जिनके लिए हम उसका सम्मान कर सकें, तो सम्मान दिखाना एक आदत बन जाती है। हालाँकि इस पुस्तक में दिए गए दूसरे वाक्य भी शक्तिशाली हैं, लेकिन सम्मान का मामला थोड़ा ज़्यादा जटिल है। “मैं आपका सम्मान करता हूँ” ("I respect you") शब्द कहना बहुत सशक्त होता है, परंतु सम्मान को दरअसल अर्जित और प्रदर्शित करना होता है। सम्मान पारस्परिक होता है। अगर आप सम्मान पाना चाहते हैं, तो इसके लिए आपको दूसरों का सम्मान करना होगा। लोगों को आभास हो जाता है कि आप उन्हें महत्वपूर्ण मानते हैं या नहीं; उनका सम्मान करते हैं या नहीं। असम्मान को छिपाना मुश्किल होता है और लोग आपके नज़रिए को फ़ौरन भाँप सकते हैं।

मेरा एक मित्र था, जो हमेशा अपने डॉलर के नोट बड़े से छोटे के क्रम में

जमाता था और उन्हें पर्स में क़रीने से रखता था। मैंने आख़िर एक दिन उससे पूछ ही लिया कि वह यह काम इतने जतन से क्यों करता है। वह बोला, "मैं पैसे का सम्मान करता हूँ, इसलिए मैं इसके साथ सम्मान से पेश आता हूँ।" काश सम्मान अर्जित और प्रदर्शित करना मानवीय संबंधों में भी इतना ही आसान होता! लोग ख़ुद-ब-ख़ुद पैसे का सम्मान करते हैं, लेकिन लोगों का सम्मान हासिल करने और दिखाने के लिए हमें ज़्यादा मेहनत करनी होती है।

यह कहा गया है कि लोग दो तरह के होते हैं – एक वे जो कमरे में दाख़िल होते समय कहते हैं, "लो मैं आ गया!" और दूसरे वे, जो अंदर आते समय कहते हैं, "अरे वाह, यहाँ आप हैं।" हमें दूसरे प्रकार का व्यक्ति बनना चाहिए। सम्मान हासिल करना और दिखाना लोगों की बातें सुनने से शुरू होता है। हर व्यक्ति जीवन में कोई न कोई उपलब्धि हासिल कर चुका होता है। अगर आप किसी से कुछ सवाल पूछते हैं और उसके बारे में थोड़ी जानकारी निकालने की कोशिश करते हैं, तो आपको "मैं आपका सम्मान करता हूँ" कहने के कारण मिल जाएँगे। मुझसे कई बार लोग लंच या किसी अन्य समारोह में जाने से पहले पूछते हैं, "मुझे किस बारे में बात करना चाहिए ?" मैं उन्हें सवाल पूछने की सलाह देता हूँ। सवाल पूछने से बातचीत आसान हो जाती है। लोगों ने मुझसे कहा है कि मैं सामाजिक समारोहों में बेहतरीन बातचीत करता हूँ। अपनी बातचीत पर ग़ौर करने पर मुझे यह एहसास होता है कि मैं बहुत कम बोलता हूँ। मैं तो बस ढेर सारे सवाल पूछता हूँ। मिसाल के तौर पर, एक बार मैं पारिवारिक समारोह में अपनी भानजी से बातचीत कर रहा था और मैंने कुछ सरल सवालों से बातचीत शुरू की : "तुम्हारे बच्चे क्या कर रहे हैं ? क्या कोई हाई स्कूल पास कर रहा है ?" इससे उसे मुझे यह बताने का मौक़ा मिल गया कि उसका बेटा छह सौ विद्यार्थियों की हाई स्कूल की क्लास में तीसरे स्थान पर रहा था और उसे चार प्रमुख यूनिवर्सिटीज़ से स्कॉलरशिप के प्रस्ताव मिले हैं। वाह, मैं इस उपलब्धि का सम्मान कर सकता था! जब उसका बेटा बाद में मेरे पास आया, तो मैं उसकी उपलब्धि के बारे में जानता था, इसलिए उससे यह कह सकता था, "बधाइयाँ! मैं आपका सम्मान करता हूँ!"

जब मेरे बेटे डिक ने गवर्नर पद का चुनाव लड़ा, तो उसे सलाह दी गई कि

उसे एक-मिनट की मुलाक़ात और अभिवादन के बारे में सीखना होगा। दरअसल, जनसंपर्क के दौरान उम्मीदवारों को ज़्यादा से ज़्यादा लोगों से हाथ मिलाने की ज़रूरत होती है। इसमें एक मिनट में एक व्यक्ति का अभिवादन करने और हाल-चाल पूछने की ज़रूरत होती है, ताकि अगले मिनट में अगले व्यक्ति तक पहुँचा जा सके। यह डिक के लिए स्वाभाविक नहीं था, क्योंकि उसे लोगों के साथ लंबी बातचीत करने, सवाल पूछने, सुनने और नज़रों से नज़रें मिलाने की आदत थी। उसे हर व्यक्ति का सम्मान करना सिखाया गया था, चाहे वे जो भी हों। शायद उसका स्वाभाविक रुझान चुनाव अभियान में ज़्यादा काम न आया हो, लेकिन मुझे यक़ीन है कि इस वजह से उसकी छवि ऐसे व्यक्ति की बन गई, जो लोगों की बातें ध्यान से सुनकर उनका सम्मान करता है। जब आप लोगों में रुचि लेते हैं और उनकी बातें ग़ौर से सुनते हैं, तो सम्मान आपकी आदत बन जाता है। जल्दी ही समुदाय में आपकी यह छवि बन जाती है कि आप लोगों का सम्मान करते हैं।

लोगों का सम्मान करने का कारण खोजना वास्तव में बड़ा आसान है, क्योंकि हर व्यक्ति अपने बारे में बात करके ख़ुश होता है। अगर आप लोगों से उनकी ज़िंदगी को लेकर सवाल पूछते रहेंगे, तो आपकी बातचीत लगातार चलती रहेगी। दरअसल, कुछ लोग तो यह बोलते समय कभी नहीं थकते हैं कि वे क्या सोच रहे हैं या क्या कर रहे हैं। एक आदमी के बारे में कहानी है, जो अपने बारे में बोले जा रहा था। आख़िरकार उसने कहा, "मेरे बारे में बहुत बातें हो गईं। अब मुझे बताएँ कि *आप* मेरे बारे में क्या सोचते हैं!" जिन लोगों से हम मिलते हैं, उनमें से ज़्यादातर लोग उस आदमी से थोड़ा कम बोलते हैं, लेकिन उन्हें अपने बारे में बात करने के लिए प्रोत्साहित करना काफ़ी सशक्त होता है। हम क्या करते हैं या हमारी राय क्या है, यह पूछा जाना ही अपने आप में एक बड़ी प्रशंसा है। कई बार बातचीत में अपने अनुभव बताने या अपनी राय देने के लिए लोग इतने उतावले हो जाते हैं कि दूसरों की बात बीच में ही काट देते हैं। यह मानव स्वभाव है। हम सभी सम्मान, प्रेम और महत्त्व चाहते हैं। अगर ऐसा मामला है, तो हमें हर व्यक्ति में ऐसे गुणों और उपलब्धियों को खोजना चाहिए, जिनके लिए हम उसका सम्मान कर सकें। इसके बाद हम कह सकते हैं, "यह तो बेहतरीन है!

मैं इसके लिए आपका सम्मान करता हूँ!" दुनिया में इतने सारे लोग सम्मान पाने की कोशिश कर रहे हैं, इसलिए यह महत्त्वपूर्ण है कि आप और मैं सम्मान दिखाएँ।

हम जिस भी व्यक्ति से मिलते हैं, उसमें दिलचस्पी लेने से बहुत ज़्यादा सम्मान प्रकट होता है। विल रॉजर्स ने एक बार कहा था, "मैं कभी ऐसे व्यक्ति से नहीं मिला, जो मुझे पसंद न आया हो।" आम आदमी के लिए इस बात पर यक़ीन करना मुश्किल होता है, क्योंकि हो सकता है कि वह मुश्किल सहकर्मी के कारण कष्ट उठाता हो, उसका पड़ोसी के साथ मतभेद हो या उसका पाला ऐसे लोगों से पड़ता हो, जिन्हें पसंद न किया जा सकता हो। मुझे लगता है कि विल रॉजर्स इस तरह के व्यक्ति थे, जो हर मिलने वाले व्यक्ति में पर्याप्त दिलचस्पी दिखाते थे और उनमें कोई न कोई ऐसी चीज़ खोज लेते थे, जिसे वे पसंद कर सकें। ऐसे इक्का-दुक्का मामले हो सकते हैं, जहाँ मुझे भी किसी व्यक्ति में सम्मान करने के लिए ख़ास कुछ नहीं मिला, लेकिन शायद ऐसा इसलिए था क्योंकि मुझे उससे बात करने का ज़्यादा मौक़ा नहीं मिला।

बहरहाल, मैं सचमुच कह सकता हूँ कि लोगों में मेरी स्वाभाविक दिलचस्पी है और मेरे दिल में उनके लिए सच्चा प्रेम होता है। जिन लोगों को मैं पहले से जानता हूँ, उनके बारे में ज़्यादा जानने के लिए मैंने एक छोटा सा खेल भी ईजाद किया है। इस खेल का नाम है "आप बॉक्स में हैं!" जब हम परिवार के लोगों या दोस्तों के साथ होते हैं, तो हम किसी व्यक्ति को "बॉक्स" में बैठने के लिए चुनते हैं। अगर बॉक्स में बैठने की आपकी बारी आती है, तो आप हमें अपने जीवन की कहानी सुनाते हैं और हम सवाल पूछते हैं। मैंने पाया है कि यह खेल नाव पर कई दिनों की सैर के दौरान बहुत कारगर रहता है, जब लोग दिन भर पानी पर रहने के बाद आरामदेह होते हैं और कहीं भागने की हड़बड़ी में नहीं होते हैं, इसलिए वे अपने बारे में बातचीत करने के इच्छुक होते हैं! इससे यह आश्चर्यजनक बात पता चलती है कि हम दरअसल एक-दूसरे के बारे में कितना कम जानते हैं, अक्सर सबसे अच्छे दोस्तों के बारे में भी। हम सिर्फ़ सुनकर ही बहुत कुछ सीख सकते हैं। मैं अपने से मिलने वाले हर व्यक्ति के जीवन की कहानी नहीं जान पाता हूँ, लेकिन लोग अक्सर मुझे बताते हैं कि मैं बहुत से लोगों से मिलकर आनंदित होता हूँ और उनके बारे में कुछ सीखना पसंद करता हूँ। उस

व्यक्ति के बारे में थोड़ी अतिरिक्त जानकारी से मेरा ज्ञान समृद्ध होता है, जो रेस्तराँ में मुझे खाना परोसता हो या नाव लगाता हो या वेटिंग रूम में मेरे पास बैठता हो।

हमें लोगों में दिलचस्पी लेने और उनकी बातें सुनने की ज़रूरत है। सम्मान दिखाना और अर्जित करना नाम तथा चेहरे याद रखने जितना आसान हो सकता है। जब लोग हमारा नाम याद रखकर हमें पहचानते हैं - ख़ास तौर पर जब कोई महत्वपूर्ण व्यक्ति हमारा नाम याद रखता है - तो हम सम्मानित महसूस करते हैं। मैं राष्ट्रपति जॉर्ज एच.डब्ल्यू. बुश का सम्मान करता हूँ। मुझसे मिलने पर वे कहते हैं, "हाय रिच।" उन्हें "मैं आपका सम्मान करता हूँ" कहने की ज़रूरत नहीं है, क्योंकि वॉशिंगटन, डी.सी. की आपाधापी से भरी बड़ी दुनिया में हर रोज़ हज़ारों लोगों से मिलने के बावजूद उन्हें मेरा नाम याद रहता है। लोगों के नाम याद रखने और बोलने से उनके प्रति हमारा सम्मान झलकता है। बहुत से लोग नामों पर ध्यान नहीं देते हैं, लेकिन मैं सोचता हूँ कि यह संबंध बनाने के लिए अनिवार्य है। अगर मुझे किसी कार्यक्रम में जाना हो और मुझे उसमें शामिल लोगों के नाम मालूम न हों, तो मैं थोड़ा अजीब महसूस करता हूँ। मैं उन लोगों की अतिथि सूची भी देख लेता हूँ, जिनसे मैं कुछ समय से नहीं मिला हूँ, ताकि बड़े कार्यक्रमों में जाने से पहले मुझे उनके नाम याद रहें। नाम और चेहरे याद रखने की आदत डालने से ही सम्मान का पता चलता है। जब मैं एमवे के कारख़ाने में घूमता हूँ, तो कर्मचारी चिल्लाकर कहते हैं, "हाय, रिच।" मुझे विश्वास है कि इतना दोस्ताना माहौल इस वजह से बना है, क्योंकि मैंने उन कर्मचारियों के नाम जानने और याद रखने का ध्यान रखा है।

जब मैं उन लोगों के प्रति सम्मान दिखाता हूँ, जो मेरे जीवन का हिस्सा हैं, तो बदले में मुझे क्या मिलता है? सम्मान। सम्मान दिखाना यहाँ से शुरू होता है कि हम पल भर के लिए ख़ुद को भूल जाएँ और सामने वाले के प्रति जागरूक बन जाएँ। मैंने एमवे की कर्मचारी मीटिंग्स में कई सालों से इस तरह के सम्मान का अभ्यास किया है। हमने अपने कर्मचारियों की रायों और योग्यताओं का सम्मान किया, क्योंकि हम इंसान होने के नाते उनका सम्मान करते थे। हमें महसूस हुआ कि उन्हें टेबल के आस-पास बैठकर अपनी बात कहने और अपने दृष्टिकोण तथा सुझाव देने का मौक़ा मिलना चाहिए। वे सवाल पूछकर और सुनकर मुझे जानने

लगे और मैं भी उन्हें जानने लगा। उन्हें यह पता चल गया कि मैं कोई बुरा आदमी नहीं हूँ और मैं उनके साथ न्यायपूर्ण बर्ताव करना चाहता था। सम्मान इसी तरह बनता है। सुझाव पेटी रखना भी सम्मान का अद्‌भुत संकेत है। अगर हम लोगों को नज़रअंदाज़ कर देते हैं, क्योंकि हमारे सिर बादलों में बहुत ज़्यादा ऊपर हैं (या हमारी नाक हवा में बहुत ऊँची है), तो हम बहुत बड़ी ग़लती कर रहे हैं। अगर हम सचमुच महत्वपूर्ण बनना चाहते हैं, तो हमें दूसरों पर ध्यान देना होगा और हर एक के प्रति सम्मान दिखाना होगा। इसी तरह हम सचमुच महत्वपूर्ण बन सकते हैं।

सच्चे सम्मान में कोई सामाजिक या आर्थिक अवरोध आड़े नहीं आता है। यह जीवन के हर क्षेत्र के हर व्यक्ति को दिया जाना चाहिए। एमवे के शुरुआती दिनों में हमारे यहाँ एक कर्मचारी था, जो अहाते का सारा काम करता था और बर्फ़ हटाता था। मैंने एक बार उससे कहा, "हैरी, आप हमेशा बेहतरीन काम करते हैं। आप कंपनी के भीतर तरक़्क़ी करने के लिए दूसरे काम की कोशिश क्यों नहीं करते?" उसने कहा, "नहीं, मुझे यह काम पसंद है और मैं यहीं बाहर रहकर यही काम करना चाहता हूँ। मेरे बारे में चिंता न करें; मुझे तरक़्क़ी देने की ज़हमत न उठाएँ।" वह ऐसा सिर्फ़ इसलिए कह सकता था, क्योंकि वह अपने पद पर सम्मानित महसूस करता था और जानता था कि उसका सम्मान हो रहा है। मैंने अक्सर बेहतरीन काम पर उसकी प्रशंसा की थी, जिससे वह जान गया था कि उसे सम्मान और महत्व दिया जा रहा है।

मुझे हमारा एक ट्रक ड्राइवर भी याद है, जिसकी ड्राइविंग इतनी कमाल की थी कि हमने तरक़्क़ी देकर उसे हमारे सारे ट्रकों के प्रबंधन का काम सौंप दिया। एक साल बाद उसने कहा, "मुझे इस पद से हटा दें; यह मेरे लिए उपयुक्त नहीं है। मैं तो दोबारा स्टियरिंग थामना चाहता हूँ।" उसमें यह समझने और कहने लायक़ पर्याप्त आत्मसम्मान था कि उसे क्या पसंद था और क्या नहीं। उसे लोगों की निगरानी करने में मज़ा नहीं आता था। उसे तो ट्रक चलाने में मज़ा आता था! वह ऐसा काम करने में सम्मानित महसूस करता था, जो कंपनी की सफलता के लिए महत्वपूर्ण था। वह ऐसे माहौल में आरामदेह था, जिसमें सम्मान पद या ओहदे के आधार पर नहीं दिया जाता था।

जब हमें यह यक़ीन होता है कि हर व्यक्ति को ईश्वर की छवि में बनाया गया है और जीवन में उसका कोई न कोई उद्देश्य है, तो हम सब लोगों के साथ वैसा ही व्यवहार करके उन्हें गरिमा प्रदान करते हैं, जैसा अपने साथ चाहते हैं। ईश्वर के पास हर एक के लिए काम है। हर व्यक्ति की जीवन में अपनी भूमिका है। हमें दूसरों के साथ अपने गुणों और पेशों की तुलना करने के बजाय हर एक का सम्मान करना चाहिए। जब हम "हम आपसे बेहतर हैं" या "मैं आपसे ज़्यादा ताक़तवर हूँ" की बहस में उलझ जाते हैं, तो हम दूसरों के प्रति असम्मान दिखाते हैं। लोगों को श्रेणियों में बाँटकर हम उनकी गरिमा और व्यक्तित्व छीन लेते हैं। हम अपने पूर्वाग्रहों के अनुरूप दूसरों से तुलना करके उन्हें अपमानित करते हैं और छोटा दिखाते हैं। दरअसल, दूसरों से तुलना करके जीने का कोई लाभ नहीं है। हमारे आगे और पीछे लोग हमेशा रहेंगे। तुलना का खेल खेलना हमारी प्रतिस्पर्धी भावना का हिस्सा तो हो सकता है, लेकिन यह न भूलें कि यह एक बुरा और असम्मानजनक खेल है।

सच्चा सम्मान राजनीति, धर्म या पृष्ठभूमि के फ़र्क़ के बावजूद दिखाया जाना चाहिए। हो सकता है कि हमारी पृष्ठभूमियाँ या दृष्टिकोण अलग-अलग हों, लेकिन इसके बावजूद हम एक-दूसरे का सम्मान तो कर ही सकते हैं। हमारे राजनीतिक दल आज की तुलना में पहले एक-दूसरे के विचारों के प्रति ज़्यादा सम्मान दिखाते थे। रिपब्लिकन्स और डेमोक्रेट्स ज़्यादा बड़े मुद्दों पर एकमत हो जाते थे। वे घरेलू छोटे-छोटे मसलों पर बहस कर सकते थे, लेकिन विदेशी मामलों पर सहमत हो जाते थे। आर्थर वैंडनबर्ग 1928 से 1951 तक ग्रांड रैपिड्स से मिशिगन के सीनेटर रहे थे। वे दोनों दलों को सम्मानजनक तरीक़े से एकजुट करने में बड़े निपुण थे। 1977 से 1987 तक अमेरिका के हाउस ऑफ़ रिप्रज़ेन्टेटिव्ज़ के स्पीकर टिप ओ'नील भी इसमें माहिर थे। वे किसी मुद्दे पर असहमत लोगों को कम से कम एक-दूसरे का सम्मान करने की दहलीज़ तक ले आते थे। हम व्यक्तिगत रूप से लोगों की निंदा किए बिना नीतियों पर असहमत हो सकते हैं। जब हम सुनने की कला सीख लेते हैं और दूसरे लोगों तथा उनके दृष्टिकोणों में सच्ची दिलचस्पी लेने लगते हैं, तो हम इस शक्तिशाली वाक्य "मैं आपका सम्मान करता हूँ" का इस्तेमाल कर सकते हैं। किसी को यह बताना कि आप उसका सम्मान करते हैं,

बहुत ऊँची प्रशंसा है। ये मधुर शब्द हैं।

हमें दूसरों के व्यक्तिगत निर्णयों और भावनाओं के प्रति भी सम्मान दिखाना चाहिए, भले ही उनके निर्णय हमारे हिसाब से उनके सर्वश्रेष्ठ हित के विपरीत हों। जब फ़्लोरिडा ने 2007 में एनसीए बास्केटबॉल चैंपियनशिप जीती, तो फ़्लोरिडा गेटर्स के हेड कोच बिली डोनोवन ने मैजिक का कोच बनने के अनुबंध पर दस्तख़त कर दिए। अनुबंध की घोषणा एक पत्रकार वार्ता में की गई, जिसका कवरेज ईएसपीएन और अन्य राष्ट्रीय खेल मीडिया ने किया। फिर उन्होंने अपना इरादा बदल लिया और फ़ैसला किया कि वे गेन्सविले में ही रहना चाहते हैं और एनबीए में जाने के बजाय कॉलेज टीम को ही कोचिंग देना चाहते हैं। उन्होंने मुझे अपना निर्णय बताया। उनकी बात सुनने के बाद मैंने उनसे कहा कि हालाँकि मैं उनकी बात से सहमत नहीं हूँ, लेकिन मैं उनकी इच्छा का सम्मान करता हूँ और उन्हें अनुबंध से मुक्त करता हूँ। कुछ हफ़्ते बाद उन्होंने अचानक मुझे फ़ोन करके धन्यवाद दिया कि हमने स्थिति को बहुत अच्छी तरह सँभाला था। यह सिर्फ़ एक उदाहरण है कि हमें हमेशा और हर तरीक़े से सम्मान को क़ायम रखना चाहिए।

विश्वास की तरह ही सम्मान भी हर क्षेत्र में सफल संबंधों की बुनियाद होता है- वैवाहिक जीवन और परिवार हो या बिज़नेस या खेल जगत। मैं ऑरलैन्डो मैजिक के अपने खिलाड़ियों से बात करते समय उन्हें एक-दूसरे का सम्मान करने के लिए प्रोत्साहित करता हूँ। खेल टीम की नींव अपने साथी खिलाड़ियों तथा खेल के प्रति सम्मान पर टिकी होना चाहिए। महान कोच अपने खिलाड़ियों को प्रोत्साहित करने का तरीक़ा जानते हैं और उनका सम्मान हासिल करते हैं। हालाँकि बास्केटबॉल में हर खिलाड़ी पॉइंट स्कोर करना चाहता है और अपना नाम रोशन करना चाहता है, लेकिन उसे अपने साथी खिलाड़ियों को सहयोग देने के लिए भी श्रेय दिया जाता है, जिसके द्वारा वह हर खिलाड़ी के गुणों और योगदान के प्रति सम्मान दिखाता है। सम्मान और विश्वास के बिना टीमवर्क संभव ही नहीं है। यह खेल और बिज़नेस दोनों जगह सच है। जे के साथ मेरी साझेदारी इतने लंबे समय तक सिर्फ़ इसलिए क़ायम रही, क्योंकि हमारे बीच आपसी सम्मान था। जब जे या मैं बाहर होते थे, तो हमें कभी चिंता नहीं होती थी कि कंपनी में क्या हो रहा होगा, क्योंकि हम दोनों ही सामने वाले की अनुपस्थिति में निर्णय ले सकते

थे। यही सम्मान है।

सम्मान की शुरुआत घर से होती है। हम अपने माता-पिता और भाई-बहनों का सम्मान करना सीखते हैं। तात्कालिक और वृहद दोनों तरह के परिवारों का लक्ष्य हर सदस्य को समर्थन देना और उसके लिए सर्वश्रेष्ठ की इच्छा रखना है। जब आप सुनते हैं कि आपके कज़िन्स या भतीजे-भतीजी ने कोई अच्छा काम किया है, तो आप उन्हें बधाई देते हैं। आप एक-दूसरे की मदद करते हैं और हर सदस्य के कल्याण की परवाह करते हैं। जब आप ऐसा करते हैं और अच्छी तरह करते हैं, तो परिवार सचमुच बन जाता है।

हमने अपने बिज़नेस को परिवार के स्वामित्व में रखने का निर्णय लिया है। इसमें भी सम्मान की ज़रूरत होती है। अब इसे हमारा बेटा डग सँभाल रहा है और बाक़ी का परिवार उसका सम्मान करता है तथा उस पर भरोसा करता है कि वह उचित निर्णय लेगा। हम अब यह सुनिश्चित करने के लिए ज़िम्मेदार हैं कि हमारी तीसरी पीढ़ी पारिवारिक व्यवसाय को जानने के साथ ही यह भी समझ ले कि हमारा परिवार लाखों स्वतंत्र बिज़नेस मालिकों और कर्मचारियों के प्रति ज़िम्मेदार है, जिनको उन्हें सम्मान और महत्व देना चाहिए। जे और मैंने इस विश्वास के साथ बिज़नेस शुरू किया था कि अमेरिका में बहुत से लोग ख़ुद का बिज़नेस बनाना चाहते हैं। इसके बाद हमने पाया कि दुनिया भर के बहुत से लोग अपना ख़ुद का बिज़नेस बनाना चाहते हैं! हमारा विश्वास लोगों के प्रति सम्मान पर आधारित था। अगर हमें यह विश्वास नहीं होता कि लोग महत्वपूर्ण हैं, उन पर विश्वास किया जा सकता है और उनका सम्मान किया जा सकता है, तो हम यह बिज़नेस शुरू ही नहीं कर पाते।

मैं इस बात से संतुष्ट हूँ कि हमारे बहुत सारे कर्मचारी महसूस करते हैं कि उनका यहाँ इस तरह सम्मान होता है, जैसे वे परिवार का हिस्सा हों। जब हमारे परिवार ने मैजिक टीम को ख़रीदा, तो निक एंडरसन भी उस टीम में थे। उन्होंने एक साल पहले मुझे बताया कि मैजिक के लिए खेलना एकमात्र ऐसा काम था, जिसमें उन्हें सचमुच मज़ा आया और वे किसी भी पद पर मैजिक में लौटना चाहते हैं। उन्होंने कहा, "मैजिक का हिस्सा बनना मेरी ज़िंदगी था। यह मेरा परिवार था।" निक में लोक व्यवहार संबंधी अच्छी योग्यताएँ थीं, इसलिए वे आज मैजिक

के गुडविल एम्बैसेडर हैं और संगठन का समर्थन करने वाले बहुत से काम करते हैं। मैं यह जानकर ख़ुश हुआ कि वे इसलिए लौटना चाहते थे, क्योंकि मैजिक उन्हें परिवार जैसा लगता था। पारिवारिक बिज़नेस के रूप में हम लोगों को यह बताना चाहते हैं कि उनका सम्मान होता है।

किसी भी बिज़नेस, संबंध या संगठन में अगर सदस्यों के प्रति सम्मान न हो, तो उसका डूबना तय है। जिस संगठन के सदस्य मिलकर काम करने और एक-दूसरे के प्रति सम्मान रखने के बजाय स्वार्थ और आंतरिक कलह के जाल में फँस जाते हैं, वह फिसलपट्टी पर फिसलने लगता है। मैंने इतने बरसों में एक आम पैटर्न पर ग़ौर किया है, जिसमें सम्मान के माहौल से स्वार्थ के माहौल तक संगठनों का पतन होता है। ये संगठन आम तौर पर चार अवस्थाओं से गुज़रते हैं : (1) सृजन की अवस्था; (2) प्रबंधन की अवस्था; (3) रक्षण की अवस्था; (4) दोष देने की अवस्था। पहली अवस्था में किसी के पास संगठन बनाने का सपना या भविष्य-दृष्टि होती है। दूसरे उस सपने का सम्मान करते हैं और उत्साह से कुछ नया बनाने के रोमांच में शामिल हो जाते हैं। दूसरी अवस्था में लोग निर्माण और सृजन करने से अपने समय और ऊर्जा को हटाकर संगठन के प्रबंधन तथा व्यवस्थापन में लगाने लगते हैं। तीसरी अवस्था प्रतिस्पर्धियों से आगे बने रहने और बनी-बनाई चीज़ को सुरक्षित रखने के लिए संघर्ष करने का युग होती है। चौथी अवस्था वह होती है, जब संगठन भीतर की ओर मुड़ जाता है और इसके सदस्य आपस में झगड़ने लगते हैं, आगे रहने के लिए एक-दूसरे से प्रतिस्पर्धा करने लगते हैं और हर तरह की समस्या के लिए एक-दूसरे को दोष देने लगते हैं। इस दौर में संगठन के लोग निर्माण और सृजन के रोमांच को भूल चुके होते हैं। यह लूट-मार करने और बँटवारे का समय होता है। शायद आपने अपने ऑफ़िस, स्कूल, चर्च या सरकार में इस पैटर्न पर ग़ौर किया होगा। मुझे यक़ीन है कि हमें ज़्यादा सकारात्मक लीडर्स की ज़रूरत है, जो एक-दूसरे के प्रति सम्मान दिखा सकें और सम्मान हासिल कर सकें, ताकि हमारी कई संस्थाएँ दोबारा सृजन की अवस्था के रोमांच और उत्पादकता की ओर लौट सकें।

सभी संगठन या लोग दूसरों के प्रति सम्मानजनक नहीं होंगे। हम सब कई बार ख़ुद को सम्मानित महसूस करते हैं और कई बार अपमानित। मैंने ज़िंदगी

में यह जल्दी ही सीख लिया और जान लिया कि सम्मान अर्जित करने और दिखाने के साथ ही हमें यह सीखने की भी ज़रूरत है कि असम्मान के बावजूद सकारात्मक कैसे बने रहा जाए। मुझे अब भी काफ़ी पहले की बात याद है, जब मुझे पहली बार यह एहसास हुआ कि सार्वजनिक सम्मान का क्या मतलब होता है। मेरे "सेलिंग अमेरिका" भाषण ने श्रोताओं का सम्मान हासिल कर लिया था। इस भाषण में मैंने उन चीज़ों के बारे में अपना दृष्टिकोण बताया था, जिनमें मैं प्रबलता से विश्वास करता था। यह मैंने अपने बिज़नेस को बढ़ाने के लिए नहीं, बल्कि सार्वजनिक रूप से यह बताने के लिए किया था कि मैं अपने इस अद्भुत देश के बारे में कैसा महसूस करता हूँ। यह मेरा पहला सार्वजनिक मंच था। मुझे याद है, मैं अक्सर हैरान होता था कि क्या मेरा भाषण इतना प्रशंसनीय है कि उसे हमारे स्थानीय अख़बार का सम्मान हासिल होगा और वह इसमें प्रकाशित होगा। मुझे यह कहते हुए ख़ुशी हो रही है कि यह प्रकाशित होता था और यह मेरे लिए महत्वपूर्ण था! हम सभी अपनी ज़िंदगी में कम से कम दो बार अख़बार में अपना नाम छपवा सकते हैं - जब हम पैदा होते हैं और जब हम मरते हैं। लेकिन मुझे यक़ीन है कि हम सब अपनी कही या हासिल की हुई चीज़ों के लिए अपना नाम अख़बार में सम्मान के चिन्ह के रूप में इससे ज़्यादा बार देखना चाहेंगे।

जब मैं अपने समुदाय से ज़्यादा जुड़ा और बिज़नेस संस्थापक के रूप में मेरी प्रतिष्ठा बढ़ी, तो मेरा नाम अक्सर स्थानीय अख़बार में छपने लगा। मैं अख़बार के संपादक को भी जानने लगा, जिससे मैंने एक दिन कहा, "देखिए, एमवे के बारे में आपने जो ख़बर पहले पन्ने पर छापी है, वह दरअसल पहले पन्ने लायक़ नहीं थी।" उसने कहा, "मैं जानता हूँ, ख़बर पहले पन्ने की नहीं थी, लेकिन आप तो हैं। आपसे जुड़ी हर ख़बर पहले पन्ने की है, क्योंकि आप समुदाय से गहराई से जुड़े हुए हैं।" यह अच्छा हो या बुरा, सम्मान में अंतिम चीज़ है।

मुझे अब यह दिलचस्प और थोड़ा मज़ेदार लगता है कि अख़बारों के साथ मेरी शुरुआती मुठभेड़ें थोड़ी कम सम्मानजनक थीं। न्यूट्रिलाइट के शुरुआती दिनों में हमने अख़बारों में डिस्ट्रिब्यूटर्स के लिए वर्गीकृत विज्ञापन दिए। विज्ञापनों में सिर्फ़ यह बताया जाता था : "पार्ट टाइम काम करके हर महीने 1,000 डॉलर कमाएँ। पूरा प्रशिक्षण उपलब्ध।" बहुत से अख़बार हमारा विज्ञापन नहीं छापते

थे, क्योंकि हम इस दावे की गारंटी नहीं दे सकते थे। मैंने उनसे कहा कि मैं आमदनी की गारंटी तो नहीं दे सकता, लेकिन काम करने वाले व्यक्ति के लिए यह अवसर मौजूद था। शुरुआत में बहुत से लोगों ने जे, मेरे और एमवे बिज़नेस के प्रति ज़्यादा सम्मान नहीं दिखाया। उन्होंने हमारी खिल्ली उड़ाई और कहा कि हमारा बिज़नेस कभी नहीं चल पाएगा। हमने इस तरह के लोगों को बस नज़रअंदाज़ करना सीख लिया। आप जो कर रहे हैं, अगर आपको उसमें विश्वास है, तो आपको असम्मानजनक भीड़ के ख़िलाफ़ आगे बढ़ना होगा। जैसी जे की प्रिय कहावत थी, "कुत्ते भौंकते रहते हैं, कारवाँ आगे बढ़ता रहता है।"

कुछ लोग असम्मान दिखाते हैं, क्योंकि उनमें लोगों के प्रति नकारात्मक दृष्टिकोण होता है। मैं एक बैंकर को जानता हूँ। उसने एक बार मुझे बताया कि हमारा एमवे बिज़नेस कभी सफल नहीं हो पाएगा, क्योंकि लोगों पर भरोसा नहीं किया जा सकता। हमारे बिज़नेस में डिस्ट्रिब्यूटर अपने समूह के दूसरे डिस्ट्रिब्यूटर्स को मासिक बोनस के वितरण के लिए ज़िम्मेदार होता है। बैंकर ने मुझसे पूछा, "आप ऐसा क्यों सोचते हैं कि हर व्यक्ति बोनस को आगे बढ़ाएगा?" मैंने कहा, "क्योंकि लोग बुनियादी तौर पर ईमानदार होते हैं।" मेरे मन में यह विचार कभी आया ही नहीं कि संभवतः लोग बोनस का भुगतान करें ही नहीं! हमारी कंपनी ने हर बोनस का भुगतान सुनिश्चित किया और यह बहुत ही दुर्लभ है कि कोई डिस्ट्रिब्यूटर बोनस का भुगतान आगे न बढ़ाए। इससे सम्मान और विश्वास की शक्ति का पता चलता है - सकारात्मक शक्ति, जो असम्मानजनक और नकारात्मक लोगों की शंकाओं को परास्त कर सकती है।

मैंने सीखा है कि असम्मान से उबरने का एक शक्तिशाली तरीक़ा सम्मान प्रदर्शित करना है। कई साल पहले जब मैं अमेरिकाज़ कप के चैलेंजर ट्रायल्स के सिलसिले में ऑस्ट्रेलिया गया, तो ऑस्ट्रेलिया वालों ने अमेरिकी टीम के साथ शत्रुतापूर्ण बर्ताव किया। न्यूयॉर्क याट क्लब को बरसों तक कप की आवेशपूर्ण मिल्कियत के लिए बदनाम किया गया। ऑस्ट्रेलिया के लोग अमेरिकियों को "यांकीज़" कहते थे, जो जीतने के लिए कुछ भी कर सकते थे। एनवायवायसी ने अमेरिकाज़ कप 132 साल तक अपने पास रखा था, लेकिन उस साल (1983) वे इसे ऑस्ट्रेलिया से हार गए थे। ज़ाहिर है, ऑस्ट्रेलिया के लोगों को अमेरिका

के बाद कप जीतने वाला पहला देश बनने पर बहुत गर्व महसूस हुआ। ऑस्ट्रेलिया के कई लोगों ने इस अवसर पर कई अमेरिकियों की खिल्ली उड़ाई और कुछ कस्टम एजेंट्स ने तो उन पर ताने कसे, क्योंकि वे कप हार गए थे। लेकिन जब मेरा समूह और मैं पहली बार ऑस्ट्रेलिया गए, तो मैंने दोस्ताना और शालीन बनने का संकल्प किया। मैंने वहाँ के लोगों से दोस्ताना अंदाज़ में हाथ मिलाया और बातचीत की। आख़िर में हम दोबारा कप जीतने की कोशिश में तो सफल नहीं हो पाए और ट्रायल्स में ही बाहर हो गए, लेकिन मुझे यक़ीन है कि हमने ऑस्ट्रेलिया के लोगों पर अपनी टीम और देश की बेहतर छाप छोड़ी और उन्होंने भी देखा कि ये "यांकीज़" आख़िर इतने बुरे नहीं हैं।

हमें सम्मान की विपरीत चीज़ से भी उबरने की मेहनत करना चाहिए और वह चीज़ है तिरस्कार या अस्वीकृति (rejection)। ज़िंदगी में देर-सबेर हम सबको अस्वीकृति झेलना पड़ती है। जब मुझे अपनी जान बचाने के लिए एक नए हृदय की ज़रूरत थी, तो मैंने चरम अस्वीकृति महसूस की, क्योंकि अमेरिका के हर हार्ट सेंटर ने मुझे अस्वीकार कर दिया। उन सबका जवाब था कि सत्तर साल की उम्र होने के कारण मैं इतना बूढ़ा हो गया हूँ कि मुझे प्रत्यारोपण से लाभ नहीं होगा। आख़िर इंग्लैंड के एक सर्जन ने मुझे स्वीकार किया। ज़िंदगी में यही होता है। कई लोग हमें अस्वीकार कर देते हैं, लेकिन फिर ईश्वर उस एक व्यक्ति के लिए दरवाज़ा खोल देता है, जो क़िस्मत का रुख़ पलट देता है। न्यूट्रिलाइट बिज़नेस में हम जानते थे कि अगर हम औसतन चार लोगों के सामने प्रस्ताव रखेंगे, तो उनमें से एक ख़रीद लेगा। बिक्री की तरह ही जीवन में भी आपको अक्सर बहुत सी अस्वीकृतियों से उबरने की ज़रूरत होती है, तभी आप सम्मान हासिल करने में सफल हो सकते हैं। बहरहाल, अगर आपको ख़ुद में और दूसरों में यक़ीन है, तो आप अस्वीकृति से उबर सकते हैं और सम्मान दिखाकर सम्मान हासिल कर सकते हैं।

लंबे सेल्स अनुभव या संभवतः अपने स्वभाव के कारण मैं अस्वीकृति या असम्मानजनक लोगों की ज़्यादा चिंता नहीं पालता हूँ। मेरा ध्यान हमेशा चार में से उस एक व्यक्ति पर केंद्रित रहा है, जो "हाँ" कहता है। हाई स्कूल के ज़माने से जानने वाले दोस्त मुझसे कहते हैं, "ओह, तुम हमेशा सकारात्मक थे; तुम हमेशा

परेड का नेतृत्व करते थे; तुम हमेशा सबसे मसखरे विद्यार्थी थे।" मुझे याद नहीं है कि मैं ऐसा था या नहीं, लेकिन यक़ीनन कुछ लोग मुझे उत्साही व्यक्ति के रूप में याद करते हैं। बेशक इसकी वजह यह है कि माता-पिता ने प्रेम और सम्मान की बुनियाद पर हमारा परिवार बनाया था। जब आप अपने घर में सम्मानित महसूस करते हैं, तो आप ख़ुश रहते हैं। जब आप ख़ुद ही सम्मानित महसूस नहीं करते हैं, तो दूसरों के प्रति सम्मान व्यक्त करना बहुत मुश्किल होता है। अगर आप सम्मानित महसूस नहीं करते हैं, तो आप सकारात्मक और आत्मविश्वासी नहीं बन सकते। मैं हर व्यक्ति को यह सलाह दूँगा कि उसे अच्छे चरित्र द्वारा सम्मान हासिल करने पर मेहनत करना चाहिए, क्योंकि यह सफल भविष्य के लिए बहुत ज़रूरी है। यह काम हम सभी कर सकते हैं। किसी से पहली बार मिलते समय सवाल पूछें, सुनें और सच्ची दिलचस्पी दिखाएँ। अपने व्यवहार में भी सम्मान दिखाएँ और फिर सामने वाले की तरह ही आप भी अपने बारे में अच्छा महसूस करने लगेंगे।

जब मैं लीडरशिप भूमिकाओं में अपने वर्षों के अनुभव पर विचार करता हूँ, तो मुझे पूरा यक़ीन हो जाता है कि दूसरों के प्रति विश्वास दिखाना लीडर का अनिवार्य गुण होता है। बिज़नेस और संगठन चलाने के मूलभूत ज्ञान का महत्त्व बहुत कम है, अगर आप उन लोगों का सम्मान नहीं कर सकते, जिनके साथ आप काम करते हैं और जो आपकी सेवा करते हैं। अगर वे आपका सम्मान नहीं करते हैं, तो आप लीडर नहीं हैं। मैं लीडरशिप के पदों पर बैठे ऐसे लोगों को जानता हूँ, जो दबंगता दिखाकर सम्मान हासिल करने की कोशिश करते हैं या प्रोत्साहन के बजाय डर दिखाकर प्रेरित करने की कोशिश करते हैं। एक बात ध्यान रखें, सम्मान माँगने से नहीं मिलता है! आपके काम और जीवन दोनों में ही आपके पास कोई न कोई लीडर होता है। मैं शर्त लगाने को तैयार हूँ कि आप जिन लोगों का सम्मान करते हैं, वे ऐसे लोग होंगे, जिन्होंने आपमें दिलचस्पी दिखाकर आपका सम्मान हासिल किया। जिस बिग बॉस का आप सम्मान करते हैं और प्रशंसा करते हैं, उसे संभवतः आपका नाम याद होगा, वह आपके हर अच्छे काम की प्रशंसा करता होगा या बातचीत करने के लिए रुकता होगा और आपके परिवार के हाल-चाल पूछता होगा। सम्मान हासिल करना सरल है। इसके लिए बड़ी भारी

योग्यता या मैनेजमेंट की डिग्री की ज़रूरत नहीं होती है, लेकिन यह सफल लीडरशिप के लिए अनिवार्य है। घर में लीडर्स के रूप में माता-पिता को अपने बच्चों का सम्मान अर्जित करने और उनके प्रति सम्मान दिखाने की ज़रूरत है। ऐसा तभी हो सकता है, जब वे उनकी बातें सुनें और उनके साथ न्यायपूर्ण व्यवहार करें। टीचर्स अपने क्लासरूम के लीडर होते हैं। वे अपने हर विद्यार्थी की व्यक्तिगत परिस्थितियों और आवश्यकताओं के प्रति जागरूक बनकर सम्मान दिखा सकते हैं। डॉक्टर भी चार्ट पर लिखी गई चीज़ों से अपने रोगियों के बारे में ज़्यादा जानकारी पाकर सम्मान हासिल कर सकते हैं और दिखा सकते हैं। हर कैरियर में लीडर्स के पास सम्मान दिखाकर सम्मान हासिल करने का अवसर होता है।

हम सभी सम्मान चाहते हैं और हमें इसकी ज़रूरत होती है। अगर आप सम्मान चाहते हैं, तो मेरी सलाह है कि आप दूसरों में दिलचस्पी लेकर उनके प्रति सम्मान प्रदर्शित करें। सवाल पूछें। लोगों की बातें सुनें, जो आपको अपने जीवन के गर्वीले पलों के बारे में बताने के लिए उत्सुक होंगे। आपको जल्दी ही उनके बारे में कोई ऐसी चीज़ पता चल जाएगी, जिसके लिए आप कह सकते हैं, "मैं आपका सम्मान करता हूँ।" ऐसा करके आप उनका सम्मान हासिल कर लेंगे और इससे आपका आत्मसम्मान भी बढ़ेगा।

10
"मैं आपसे प्रेम करता हूँ"

"मैं आपसे प्रेम करता हूँ" ("I love you") कहने और पूरे दिल से कहने में ज़बर्दस्त शक्ति होती है। जब मैं सोचता हूँ कि मेरी पत्नी हेलन जीवन में किस तरह मेरी पूरक रही है और उसने इसका विस्तार किया है, तो मुझे यक़ीन हो जाता है कि ईश्वर ने ही हमारी जोड़ी बनाई है। हमारा प्रेम इतने बरसों में बढ़ता गया और अब इसमें चार बच्चे, उनके जीवनसाथी और सोलह नाती-पोते शामिल हो चुके हैं।

ईश्वर को धन्यवाद कि हेलन और मैंने बहुत साल पहले एक-दूसरे के सामने अपनी प्रेमपूर्ण भावनाओं का इज़हार कर दिया था। पचास साल से ज़्यादा लंबे वैवाहिक जीवन के बावजूद हमें अपनी पहली मुलाक़ात का एक-एक पल याद है। मैं ग्रांड रैपिड्स की सड़क पर एक दोस्त के साथ कार से जा रहा था। रास्ते में हमने दो आकर्षक लड़कियों (जिनमें से एक हेलन थी) को पैदल जाते देखा, जिन्हें मेरा दोस्त जानता था और उसने उन्हें घर तक छोड़ने का प्रस्ताव रखा। हमने सबसे पहले हेलन को उसके घर छोड़ा। हेलन की सहेली के कार से उतरते वक़्त मैंने उससे हेलन का नाम पूछा। उसने हेलन का नाम और फ़ोन नंबर मेरे स्कूल की मनोविज्ञान की पुस्तक पर लिख दिया। यक़ीन मानिए, मेरे पास आज भी वह पुस्तक रखी है, जिसके इनसाइड कवर पर उसका नाम और फ़ोन नंबर लिखा है।

मैंने हेलन को हमारी पहली डेट के लिए फ़ोन किया और रविवार की एक सुंदर दोपहर उसे हवाई जहाज़ की सैर कराई। कुछ समय बाद एक दिन हेलन और उसकी सहेली की दो छोटी लड़कियाँ नौका घाट के क़रीब टहलने आईं, जहाँ

हेलन कुछ दिनों तक उन लड़कियों और उनकी माँ के साथ रहने आई थी। वे सीधे वहीं आईं, जहाँ जे और मेरी नाव *सैलुड* बँधी हुई थी – और मैं उसमें बैठा था। मैंने उन तीनों को सैर कराने का प्रस्ताव रखा – मुझे अगले नौका घाट पर नाव में ईंधन भरवाना था, लेकिन छोटी लड़कियाँ रोमांचित हो गईं और हेलन ने हाँ कर दी। इस तरह कार, हवाई जहाज़ और नाव में सैर करवाने के बाद मैं उसे डेटिंग पर ले जाता रहा। जल्दी ही हमारी सगाई हो गई और एक साल बाद 7 फ़रवरी 1953 को हमारी शादी हो गई।

हेलन ने मुझे बाद में बताया कि पहली मुलाक़ातों में उसने मुझे काफ़ी घमंडी समझा था। सच तो यह था कि मेरी ही माँ ने उसे यह चेतावनी दे दी थी, "तुम रिच के सामने डटकर खड़ी रहना, वरना ये डेवॉस तुम्हें चारों तरफ़ धकाएँगे।" बहरहाल, हेलन को जल्दी ही समझ में आ गया कि जिसे उसने मेरा घमंड समझा था, वह दरअसल आत्मविश्वास था और जिसे उसने शुरुआत में "बड़बोलापन" माना था, वह दरअसल लोगों से जुड़ने या संप्रेषण की योग्यता थी। जब हम एक-दूसरे से प्रेम करते हैं, तो एक-दूसरे के गुणों का सम्मान करना सीख लेते हैं।

हेलन हमेशा सकारात्मक, समर्थनकारी और उत्साहवर्धक रही है। उसकी आध्यात्मिक आस्था ने हमारे वैवाहिक जीवन और परिवार को दिशा दी है – और हमारे बिज़नेस को भी। उसने हमें जीवनमूल्यों और जीवन की सचमुच महत्वपूर्ण चीज़ों पर केंद्रित बनाए रखा। वह दूसरों की मदद करने के मामले में भी बहुत उदार रही है, क्योंकि उसे महसूस होता है कि ज़रूरतमंदों की मदद करना हमारा कर्तव्य है और अपनी नियामतें बाँटना ईश्वर की आज्ञा का पालन करना है। हमारे बहुत से परोपकारी प्रोजेक्ट्स हेलन की धार्मिक आस्था का परिणाम हैं। वह एक बेहतरीन मित्र भी है। वह इस सूत्रवाक्य के अनुरूप जीती है, "दोस्त बनाने के लिए आपको दोस्त बनना पड़ता है।" उसकी बदौलत हमारा घर, नाव और यात्राएँ हमेशा दोस्तों से भरी रहती हैं – जहाँ हम दोस्तों के साथ आनंद करते हैं।

"मैं आपसे प्रेम करता हूँ" बहुत शक्तिशाली वाक्य है और बाक़ी सभी शक्तिशाली वाक्यों को अपने में समाहित कर लेता है। हम लोगों के बारे में जैसा महसूस करते हैं – चाहे वह रूमानी प्रेम हो, पारिवारिक संबंध हों या क़रीबी मित्रताएँ भी हों – वह प्रेम का ही एक रूप है। हमें एक-दूसरे से प्रेम करना चाहिए; यह

बाइबल का आदेश है, जो ईसा मसीह ने व्यक्त किया है। प्रेम व्यक्त करना "मैं आपका सम्मान करता हूँ" या "मैं आपकी क्षमता में यक़ीन करता हूँ" कहने से ज़्यादा गर्मजोशी भरा तरीक़ा है। जिन लोगों की हम प्रशंसा करते हैं और महत्व देते हैं, उनके प्रति अपनी भावनाओं के इज़हार का यह ज़्यादा कोमल तरीक़ा है। प्रेम प्रगाढ़ विश्वास की शब्दावली है - सबसे प्रबल शब्दावली, जिसका प्रयोग आप अपनी बातचीत में कर सकते हैं, बशर्ते आप उनके प्रति उस तरह से महसूस करते हों। "मैं प्रेम करता हूँ" कहना ज़्यादातर लोगों के लिए काफ़ी बड़ा क़दम होता है।

लेकिन पति-पत्नी के प्रेम के अलावा भी कई प्रकार का प्रेम होता है। हमें उन लोगों के सामने प्रेम का इज़हार करने के तरीक़े खोजना चाहिए, जिनके साथ हमारे क़रीबी संबंध हों या जो हमारे जीवन में महत्वपूर्ण भूमिकाएँ निभाते हों।

बरसों पहले एक क़रीबी मित्र ने मुझे प्रोत्साहित किया था कि मैं दूसरों के सामने प्रेम का इज़हार खुलकर करूँ। *गॉस्पेल फ़िल्म्स* के संस्थापक और बरसों से मेरे मित्र बिली ज़्योली लोगों के सामने अपनी भावनाओं का इज़हार काफ़ी खुलकर करते हैं। शायद यह उनकी इतालवी परंपरा का हिस्सा है, लेकिन बिली लोगों के पास जाकर उन्हें गले लगाने में कभी नहीं सकुचाते हैं। बिली ने मुझे भी प्रोत्साहित किया कि मैं भी लोगों को गले लगाकर उनका अभिवादन करूँ। धीरे-धीरे ऐसा लगा, जैसे हमारा पूरा शहर एक-दूसरे को गले लगा रहा हो - कुछ परंपरा को गले लगा रहे थे, जबकि बाक़ी अपने आरामदेह दायरे को छोड़ने के कम इच्छुक थे। लेकिन गले लगाना "मैं आपसे प्रेम करता हूँ" कहने का एक सरल तरीक़ा है, जिसमें शब्द कहने की हिम्मत नहीं जुटाना पड़ती है।

मेरे लिए अगला क़दम इन शब्दों का इस्तेमाल करना था, इसलिए मैं कहने लगा, "प्रेम करता हूँ" (Love ya)। यह ऐसा वाक्य है, जिसे आप परिवारों या क़रीबी मित्रों के बीच सुनते हैं। मैं जब भी फ़ोन पर अपने बच्चों की बातचीत सुनता हूँ, तो मुझे हमेशा "प्रेम करता हूँ" सुनाई देता है। ये हैं तो सिर्फ़ तीन छोटे शब्द, लेकिन इनसे सामने वाले को यह पता चल जाता है कि उससे प्रेम किया जा रहा है।

फिर मैंने अपने नोट्स और चिट्ठियों के अंत में "आपसे प्रेम करता हूँ" लिखना शुरू कर दिया। इससे "सिन्सियरली" से ज़्यादा प्रबल भावना व्यक्त होती

है। मैं सचमुच नहीं जानता कि *सिन्सियरली* का दरअसल क्या मतलब होता है, लेकिन "प्रेम करता हूँ" से एक निश्चित संदेश प्रेषित होता है। अब यह मेरा ट्रेडमार्क बन चुका है। इससे पता चलता है कि यह एक व्यक्तिगत संबंध है, व्यक्तिगत बंधन है। इससे ज़ाहिर होता है कि हमारा रिश्ता ख़ास है – जिसमें हम बिना किसी अनुबंध के सौदा कर सकते हैं। जब मैं आपको बताता हूँ कि मैं वहाँ पर रहूँगा, तो मैं वहाँ पर यक़ीनन रहूँगा; आप यह विश्वास कर सकते हैं कि मैं वादे के मुताबिक़ काम कर दूँगा। इससे हर चीज़ स्पष्ट हो जाती है।

हमें दूसरे लोगों के बारे में अपनी सच्ची भावनाओं का पता लगाना और उन्हें व्यक्त करना सीखना होगा। हमें "मैं आपसे प्रेम करता हूँ" कहना भी सीखना होगा। प्रेम सिर्फ़ पति-पत्नी के संबंधों या लड़के-लड़की के रोमांस में ही मौजूद नहीं होता है। प्रेम कई प्रकार का होता है और उसका इज़हार करना ज़रूरी होता है।

जे की मृत्यु के बाद मुझे उसके लिखे पत्रों का एक बड़ा बक्सा मिला, जो उसने मुझे तब लिखे थे, जब हम दोनों ही द्वितीय विश्व युद्ध के दौरान विदेश में थे। दोबारा पढ़ने के बाद मैंने वे सारे पत्र उसके बेटे डेविड को सौंप दिए। मैंने सोचा कि उन पत्रों को सहेजना उसे अच्छा लगेगा। मैंने उसे यह भी बताया कि सारे पत्र पढ़ने के बाद वह हमारी दोस्ती के बारे में ज़्यादा अच्छी तरह जान सकता है और यह भी कि हमारा संबंध किस तरह आजीवन बरकरार रह पाया। डेविड ने मुझे बाद में बताया कि उन पत्रों ने उसके दिल को छू लिया था। उसने कहा कि उनसे उसे अपने पिता और मेरे संबंध की बिलकुल नई समझ मिली और यह बात भी पता चली कि उसके पिता का मुझसे कितना ज़्यादा दिली लगाव था।

मुझे हमारी कई बातचीतों में से एक याद है, जब जे ने प्रेम के विभिन्न प्रकारों के बारे में बात की थी – रूमानी प्रेम, माता-पिता और बच्चों के प्रति प्रेम, भाई-बहन के प्रति प्रेम और वह प्रेम जो क़रीबी मित्रताओं के बंधनों के भीतर विकसित हो सकता है। जे अपने पत्रों में दोस्ताना प्रेम का इज़हार कर रहा था, मेरे अच्छे गुणों की प्रशंसा कर रहा था, जिनकी वजह से वह मुझे दोस्त बनाना चाहता था। अपने "सबसे प्रिय और सबसे अच्छे दोस्त" को पत्र लिखकर जे एक क़रीबी मित्र के प्रति प्रेम का इज़हार कर रहा था, जिससे वह युद्ध के दौरान हज़ारों मील दूर था।

जे और मेरे पत्रों के आदान-प्रदान का दौर वह था, जब हम दोनों हाई स्कूल से निकले ही थे और घर से काफ़ी दूर थे। हम दोनों को ही यह जानने की ज़रूरत थी कि दुनिया में कहीं हमारा एक क़रीबी दोस्त है और किसी दिन हम दोबारा घर लौटेंगे, एक साथ बिज़नेस करेंगे और शायद बहुत सफल भी होंगे। उन पत्रों की बदौलत उसमें मेरा विश्वास पक्का हो गया। जब हम एक साथ बिज़नेस करने उतरे, तो यह एक बहुत मज़बूत दोस्ती का तार्किक परिणाम था।

कई साल बाद मैंने जे के जन्मदिन पर उसे यह लिखकर भेजा, "पच्चीस साल से ज़्यादा समय के साथ में हमारे बीच मतभिन्नताएँ रही हैं, लेकिन किसी ज़्यादा महान चीज़ की झलक हमेशा मौजूद रही है। मैं नहीं जानता कि क्या इसे कहने का कोई सरल तरीक़ा है, लेकिन इसे आपसी सम्मान कहा जा सकता है। 'प्रेम' शायद ज़्यादा बेहतर शब्द है।" हमारी दोस्ती ने हमें बिज़नेस पार्टनर बनने की अनुमति दी, इसका एक कारण यह भी था कि हम एक-दूसरे के पूरक थे। जे घर पर रुककर पुस्तक पढ़ने से ही ख़ुश रहता था, लेकिन अगर मैं उससे कहता था कि मैं बाहर जा रहा हूँ, तो वह भी घर पर नहीं रहना चाहता था। दरअसल उसे अपने साथ बाहर ले जाने के लिए मुझे बहुत ज़्यादा प्रेरित करने की ज़रूरत नहीं पड़ती थी। मैं सोचता हूँ कि मेरे प्रभाव के कारण जे ज़्यादा घुमक्कड़ और साहसिक बना। मैं सोचता हूँ कि मेरी वजह से उसके जीवन में थोड़ी ज़्यादा गतिविधियाँ और घटनाएँ हुईं।

दूसरी ओर, मैं जे की बहुत क़द्र करता था। वह बुद्धिजीवी था और बहुत बुद्धिमान भी था। वह ऐसी बहुत सी चीज़ें जानता था, जिन्हें मैं नहीं जानता था। वह उत्कृष्ट विद्यार्थी था। वह मुझसे ज़्यादा पढ़ता था। इस तरह हम एक-दूसरे की कमी पूरी कर देते थे। हमारे आपसी सम्मान का परिणाम प्रेम था, जो क़रीबी मित्रता के बंधन के भीतर विकसित होता है।

"मैं आपसे प्रेम करता हूँ" ख़ास तौर पर शक्तिशाली होता है, जब इसे बच्चों से बोला जाता है। इन शब्दों से उन्हें महसूस होता है कि वे सुरक्षित हैं, उनकी परवाह की जा रही है, उन पर विश्वास किया जा रहा है और ये शब्द कहने वाला व्यक्ति सचमुच ख़ास है। तो फिर इसे क्यों न कहा जाए? अगर आप दिल में प्रेम महसूस करते हैं, तो फिर "मैं आपसे प्रेम करता हूँ" कहना उस भावना का

इज़हार ही तो है। दुर्भाग्य से ज़्यादातर लोग अपने बच्चों या किसी दूसरे से "मैं आपसे प्रेम करता हूँ" कभी नहीं कहते हैं। ऐसा अक्सर इसलिए होता है, क्योंकि वे दिल की भावनाओं का इज़हार करने के लिए ख़ुद को कभी मजबूर नहीं करते हैं या फिर शायद वे इसके लिए समय नहीं निकाल पाते हैं या फिर शायद कोशिश ही नहीं कर पाते हैं। इन शक्तिशाली वाक्यों में से हर एक के मामले में हमें इस प्रवृत्ति से बचना चाहिए कि हम उनका इस्तेमाल न करें। ज़्यादा संभावना इस बात की है कि बहुत बार हम सोचते तो हैं, "ओह, वह सचमुच महान है!" लेकिन हम उसे इस बारे में बताते नहीं हैं। हम संगीत समारोह के बाद घर लौट आते हैं और कहते हैं, "सचमुच ज़बर्दस्त संगीत था।" बहरहाल, हम कभी अपनी भावनाओं को प्रकट करने वाली चिट्ठी लिखने के बारे में नहीं सोचते हैं। हमें अपनी भावनाओं का लिखित इज़हार करना चाहिए या व्यक्तिगत रूप से उन्हें प्रकट करना चाहिए। हमें भावनाएँ प्रकट करने की आदत डालने की ज़रूरत है।

प्रेम का इज़हार करने की सबसे महत्वपूर्ण जगह परिवार है। ड्यूटेरोनॉमी 11:1, 19 (एनआईवी) में लिखा है : "अपने ईश्वर से प्रेम करो और उसकी आवश्यकताओं, उसके निर्णयों, उसके नियमों और उसके आदेशों को हमेशा पूरा करो ... वे बातें अपने बच्चों को सिखाओ, उनके बारे में बात करो, जब तुम घर पर बैठे हो और जब तुम रास्ते में हो, जब तुम लेटो और जब तुम उठो।" हमें अपने बच्चों को ईश्वर का प्रेम सिखाना चाहिए। और हमें अपने जीवनसाथी और बच्चों के प्रति अपने प्रेम का इज़हार भी करना चाहिए। जब मैं ग्रेजुएशन सेरेमनी में हिस्सा लेता हूँ या बच्चों को घर छोड़कर अपनी ख़ुद की ज़िंदगी शुरू करने जाते देखता हूँ, तो मेरी प्रार्थना यह होती है कि उनके माता-पिता ने उन्हें अच्छी नसीहत दी हो और उनमें वे जीवनमूल्य हों, जो सफलतापूर्वक जीवन पार करने में उनकी मदद करेंगे। मुझे उम्मीद होती है कि एक प्रेमपूर्ण परिवार की मज़बूत बुनियाद से वे अपने जीवन को सफल बना सकते हैं।

मेरे मन में अपने बचपन की बहुत स्नेहपूर्ण यादें हैं। मैं एक प्रगाढ़ बंधन वाले परिवार में बड़ा हुआ था। हमने कई मुश्किल परिस्थितियों और वित्तीय संकटों का सामना किया, लेकिन हमने एकजुट होकर उन चुनौतियों से मुक़ाबला किया। हमारे पास अक्सर पैसे की कमी रहती थी, लेकिन प्रेम की कभी नहीं रही। पलटकर

देखते समय मैं सोचता हूँ कि मंदी के दौरान अपने दादा-दादी के साथ सामूहिक परिवार के रूप में रहना मेरे लिए दरअसल एक वरदान साबित हुआ। इससे हम लोग ज़्यादा क़रीब आए और मैं दो पीढ़ियों की बुद्धिमत्ता तथा रोल मॉडल्स के संपर्क में आया।

परिवार हमारी धार्मिक आस्था और जीवनमूल्यों की नींव है। माता-पिता और दादा-दादी ने मुझमें ईसा मसीह में आस्था की जो नींव डाली, वह मेरे जीवन के केंद्र में रही है। मेरे परिवार ने मेरे भीतर देश और स्वतंत्रता से प्रेम करने का बीज बोया। मेरा घर अमेरिकी सपने का पालना था। मैं सौभाग्यशाली हूँ कि मेरे माता-पिता ने मुझे ख़ुद में इतना विश्वास करना सिखाया कि मैं अपने देश द्वारा दिए जाने वाले असीमित अवसरों को जकड़ लूँ। अपने नाती-पोतों को जीवन के बुनियादी सबक़ सिखाएँ। उनसे सही और ग़लत के बारे में बातें करें और उन जीवनमूल्यों के बारे में, जिन पर आप जीवन भर चले हैं। रोल मॉडल बनें। उन्हें अपने जीवन के अनुभव का तोहफ़ा दें। परिवार की मज़बूत बुनियाद बनाने में मेहनत लगती है, लेकिन इससे फ़ायदा होता है। इससे यह सुनिश्चित हो जाता है कि हर पीढ़ी में वही आस्था और जीवनमूल्य रहें, जो समृद्ध जीवन और नैतिक समाज के हृदय में होते हैं।

बहुत कम भौतिक सुख-सुविधाओं और मंदी के दौर में बड़ा होने के बावजूद मैं बचपन में काफ़ी ख़ुश रहता था। मैं आज भी ख़ुश रहता हूँ। लेकिन ऐसा नहीं है कि दौलत आ जाने के बाद मैं अपने बचपन से ज़्यादा ख़ुश हो गया हूँ। दरअसल मुझे ख़ुश तो मेरे परिवार का प्रेम रखता है। पचास साल से ज़्यादा लंबे वैवाहिक जीवन के बाद भी मैं अपनी पत्नी के साथ को मूल्यवान मानता हूँ। मुझे अपने चारों बच्चों और उनके जीवनसाथियों पर गर्व है, जिन्होंने अपने ख़ुद के प्रेमपूर्ण परिवार बनाए हैं। हेलन और मैं अपने नाती-पोतों को बड़े होते देखकर ख़ुश होते हैं। हम उन्हें परिपक्व होता देखने और दुनिया में अपनी राह बनाता देखने का इंतज़ार कर रहे हैं। हम उन सभी के लिए हर दिन प्रार्थना करते हैं - उनका नाम लेकर।

हालाँकि हम सब वैवाहिक जीवन और परिवार के अंतरंग प्रेम को जानते हैं, लेकिन हमें प्रेम के उस रूप को भी महत्व देना चाहिए, जो परिवार और क़रीबी

दोस्तों से परे मौजूद होता है। प्रेम के बहुत से रूप हैं। आप किसी से बहुत व्यक्तिगत प्रेम कर सकते हैं। आप अपने बच्चों को थोड़े अलग तरीक़े से प्रेम कर सकते हैं। आप अपने जीवन में अपने डॉक्टर के योगदान के लिए उससे प्रेम कर सकते हैं। मैं अपने हृदय रोग विशेषज्ञ रिक मैक्नामारा से प्रेम करता हूँ। मुझे उनसे यह बात कहने में कोई झिझक नहीं होती है। वे बेहतरीन हैं और मेरी बहुत परवाह करते हैं; इसलिए मैं उनसे प्रेम करता हूँ। हम अपने दोस्तों से प्रेम कर सकते हैं। जैसा मैंने आपको बताया था, हमारे परिवार का प्रिय वाक्य "मैं तुमसे प्रेम करता हूँ" है। लेकिन अब मेरे कुछ दोस्त मेरे पदचिन्हों पर चलते हुए मुझसे यही बात कहने लगे हैं। टेनेसी के छोटे क़स्बे में रहने वाला एक बिज़नेसमैन दोस्त फ़ोन पर हमारी बातचीत के अंत में "मैं आपसे प्रेम करता हूँ" कहता है। दोस्तों के बीच हमारे संबंध एक अलग क़िस्म के प्रेम पर आधारित होते हैं - जिसमें सम्मान और प्रशंसा शामिल होती है। हमें प्रेम के बारे में कई तरीक़ों से विचार करने की ज़रूरत होती है और अलग-अलग लोगों के बीच इसके अलग-अलग नाम देने होते हैं।

हम ऐसे समय या जगह से भी प्रेम कर सकते हैं, जो हमारे जीवन में ख़ास रही हो। हममें से कई का अपने हाई स्कूलों या कॉलेजों से प्रबल जुड़ाव होता है - वहाँ से निकलने के दशकों बाद भी। मैं सचमुच कह सकता हूँ कि मैं अब भी अपने हाई स्कूल से प्रेम करता हूँ। मैं अपने टीचर्स तथा स्कूल के प्रेमपूर्ण, उत्साहवर्धक माहौल के प्रति कृतज्ञ हूँ, जिसका मेरे जीवन पर काफ़ी प्रभाव पड़ा। हेलन और मैंने मेरे पुराने स्कूल ग्रांड रैपिड्स क्रिश्चियन हाई में सेंटर फ़ॉर आर्ट्स एंड वर्शिप बनवाने में सबसे ज़्यादा दान दिया। क्रिश्चियन हाई के विद्यार्थियों के पास कोई ऐसी अच्छी जगह नहीं थी, जहाँ वे चैपल सर्विसेस, नाटकों और अन्य प्रदर्शनों के लिए एक साथ इकट्ठे हो सकें। स्कूल में थिएटर और ऑडिटोरियम तो थे, लेकिन मशीनें ठीक नहीं थीं, जगह कम थी और सब कुछ बहुत पुराना था। हमारे दान और हमारे समुदाय की उल्लेखनीय उदारता की बदौलत आज विद्यार्थियों के पास एक सुंदर ऑडिटोरियम है और ड्रेसिंग रूम्स तथा रिहर्सल हॉल्स भी। वे अब अपनी सर्वश्रेष्ठ योग्यताओं के अनुरूप प्रदर्शन के लिए सचमुच प्रेरित हो चुके हैं। यह नया ऑडिटोरियम उनकी योग्यताओं के स्तर को बख़ूबी पहचानता है। इसकी वजह से उनके परिवार और समुदायों का आनंददायक अनुभव बढ़ गया है।

मेरे लिए यह जानना ख़ास था कि मैं उस हाई स्कूल को ऐसा तोहफ़ा दे सकता हूँ, जिसने मेरे लिए इतना कुछ किया था। लॉबी में उन्होंने जे की मॉडल ए कार की प्रतिकृति (replica) रखी है - वह कार जिसमें वह मुझे स्कूल तक ले जाता था और जिसमें हम किसी दिन साथ-साथ बिज़नेस करने के सपने देखते थे। सच मानिए तो मैं हाई स्कूल या इसके लोगों के प्रभाव का एहसान कभी नहीं चुका सकता, बहुत सारी नियामतें होने के कारण मैं इस बारे में योगदान दे सकता था कि मेरे हाई स्कूल की परंपरा क़ायम रहे और भावी सामुदायिक तथा बिज़नेस लीडर्स मेरे स्कूल में अपनी शुरुआत कर सकें।

मैं समुदायों के प्रेम में भी विश्वास करता हूँ और मुझे एक प्रेमपूर्ण समुदाय में रहने का वरदान मिला है। मुझसे 2007 के शुरू में *वेस्ट मिशिगन बिज़न्स* शीर्षक की एक कॉफ़ी टेबल बुक के लिए संक्षिप्त विवरण लिखने का आग्रह किया गया। इस तरह की पुस्तकें पूरे अमेरिका के समुदाय प्रकाशित करते हैं और इनमें फ़ोटो निबंध रहते हैं, जिनमें प्राकृतिक सौंदर्य, मनोरंजन, वाणिज्य और कलाओं की तस्वीरें होती हैं। अपने संक्षिप्त विवरण में मैंने वे सब कारण बताए, जिनकी बदौलत मैं वेस्ट मिशिगन से प्रेम करता हूँ। इन कारणों में नाव चलाने के लिए नदी, छोटे दोस्ताना क़स्बे और उद्यमी शामिल थे, जो हमारे जीवन को गुणवत्ता और आजीविका प्रदान करते हैं। आप कह सकते हैं कि इस तरह की पुस्तकें सामुदायिक गर्व का प्रदर्शन करती हैं, लेकिन मेरा विश्वास है कि वे प्रेम से मिलती-जुलती भावना संप्रेषित करती हैं।

1970 के दशक में डाउनटाउन ग्रांड रैपिड्स अपना अस्तित्व बचाने के लिए जूझ रहा था, क्योंकि लोग और व्यवसाय उपनगरीय इलाक़ों की ओर जा रहे थे। उस वक़्त ग्रांड रैपिड्स के बाहर एक होटल बनाने के बारे में बातचीत हुई। लेकिन जे और मैंने फ़ैसला किया कि एमवे डाउनटाउन ग्रांड रैपिड्स में ही एक होटल का पुनर्निर्माण करेगा, क्योंकि यह हमारा शहर था, हम इससे प्रेम करते थे और यह हमारे दिलों के क़रीब था। वह निर्णय हमारे इलाक़े के कायाकल्प की शुरुआत था, जो आज तक जारी है। आज भी लोग मुझे धन्यवाद देते हैं कि हमने अपने समुदाय में निवेश किया, जबकि हम कहीं और भी जा सकते थे। हालाँकि हमारी रुचियाँ बहुत से क्षेत्रों में हैं, लेकिन हमारे फ़ाउंडेशन के उल्लेखनीय

दान ग्रांड रैपिड्स को ही समर्पित होते हैं। कंपनी के निवेश के नज़रिए से हमने हमेशा अपने शहर को बनाया है और इसका विस्तार किया है। एक बार हमने मिशिगन के बाहर एक बड़ा डिस्ट्रिब्यूशन सेंटर बनाने के बारे में विचार किया। हमने एक राष्ट्रीय सर्वे करवाया, जिससे पता चला कि किसी दक्षिणी राज्य में जाने से हमें टैक्स और अन्य क्षेत्रों में लाभ मिलेंगे। बहरहाल, हम जहाँ थे, हमने वहीं बने रहने का विकल्प चुना, क्योंकि यह हमारा घर था।

जब मैं उस निर्णय और ग्रांड रैपिड्स के दूसरे प्रोजेक्ट्स के बारे में सोचता हूँ, तो मेरे मन में अद्भुत, गर्मजोश भावना आ जाती है कि मुझे अपने शहर को बेहतर बनाने का अवसर मिला। इस विशाल दुनिया में बहुत सी सकारात्मक और नकारात्मक चीज़ें हैं। लेकिन हमारा काम अपनी ख़ुद की जगह बेहतर बनाना है। घर वह जगह है, जहाँ हम सकारात्मक नज़रिए की नींव डाल सकते हैं, नौकरियाँ उत्पन्न कर सकते हैं, पड़ोसियों की मदद कर सकते हैं और दोस्तों को प्रेरित करके तथा उनके साथ मिलकर समुदाय को बेहतर बना सकते हैं। अर्थव्यवस्था हमारे समुदायों में बहुत प्रगति करती है, लेकिन मेरा विश्वास है कि एक और प्रेरक तत्व वह प्रेम है, जो हम अपने गृहनगर के लिए महसूस करते हैं। सामुदायिक प्रेम ही वह मोहपाश है, जिसकी वजह से लोग अपने जन्मस्थान को छोड़कर कहीं और नहीं रहना चाहते हैं। समुदाय के प्रेम की बदौलत ही हम यह सुनिश्चित करना चाहते हैं कि हमारे बच्चों के पढ़ने के लिए सर्वश्रेष्ठ स्कूल हों और हमारे नागरिकों को इलाज की गुणवत्तापूर्ण सुविधा उपलब्ध हो। हम अपने समुदाय को उन मित्रताओं के लिए प्रेम करते हैं, जो हमने की हैं; उस चर्च के लिए, जहाँ हमारी शादी हुई; उस रेस्तराँ के लिए, जिसमें हमने अपनी पारिवारिक उपलब्धियों का जश्न मनाया; या उस भावना के लिए, जो हम अपनी सड़क से गुज़रते समय महसूस करते हैं। हमें अपने पड़ोसियों से अपने जैसा प्रेम करने का आदेश दिया गया है। हम सभी इसी तरह के इलाक़े में जीना चाहते हैं।

मैं उन व्यवसायों से प्रेम करता हूँ, जिन्हें मैंने बनाया है और जिनका मैं मालिक हूँ। मैं एमवे बिज़नेस से प्रेम करता हूँ, जिसे जे और मैंने अपने बेसमेंट्स के छोटे से ऑफ़िस व वेयरहाउस से शुरू किया था और जो आज दुनिया भर के लोगों को आमदनी तथा आशा प्रदान करता है। एमवे आज भी पारिवारिक बिज़नेस

है। ऑरलैन्डो मैजिक भी पारिवारिक बिज़नेस है। हमारे परिवार के सदस्य अब भी इनकी दैनिक गतिविधियों का संचालन करते हैं, क्योंकि हम अपने व्यवसायों और अपने काम से प्रेम करते हैं। मैंने हमेशा अपने काम से प्रेम किया है, इसलिए मुझे तो ऐसा लगता है, जैसे मैंने ज़िंदगी में एक दिन भी काम नहीं किया। मुझे कभी काम पर जाने में कोफ़्त नहीं हुई, क्योंकि यह कभी काम जैसा नहीं लगा। मेरे लिए काम हमेशा एक अच्छा अनुभव रहा है – मुश्किल दिनों में भी।

मेरा यह भी विश्वास है कि हमें अपने देश के प्रति ज़्यादा प्रेम दिखाना चाहिए। हेलन और मैंने नेशनल कंस्टीट्यूशन सेंटर में एक्ज़िबिट हॉल के लिए एक बड़ा दान दिया, जो 4 जुलाई 2003 को लोकार्पित हुआ। फ़िलाडेल्फ़िया में बना यह पहला म्यूज़ियम है, जो अमेरिकी संविधान को सम्मानित और स्पष्ट करने के लिए समर्पित है। हम चाहते थे कि आज की युवा पीढ़ी और भावी पीढ़ियाँ हमारे स्वतंत्र समाज की बुनियाद और उसे बनाने वालों को महत्त्व दें, जिन्होंने इस पर दस्तख़त करके अपना जीवन दाँव पर लगाया था। मैंने द्वितीय विश्व युद्ध के दौरान यू.एस. आर्मी एयर कॉर्प्स में सेवा की थी, जिसमें हज़ारों युवा अमेरिकियों ने उन स्वतंत्रताओं की ख़ातिर अपनी क़ुर्बानी दी, जिनका हम आनंद लेते हैं। जब हम घर लौटे, तो हमें विश्वास था कि अमेरिकी जो भी लक्ष्य तय करें, हासिल कर सकते हैं। मैंने अमेरिकी प्रजातंत्र और पूँजीवादी अर्थव्यवस्था के समर्थन में ऐसे समय मुखरता से भाषण दिए, जब साम्यवादी और समाजवादी देशों में रहने वाली दुनिया की आधी जनसंख्या को स्वतंत्रता नहीं थी। हमने अपने बिज़नेस का नामकरण *अमेरिकन वे* के रूप में किया, क्योंकि हमें यह विश्वास था कि हमारी अर्थव्यवस्था दुनिया में सर्वश्रेष्ठ है और लोग अपना ख़ुद का बिज़नेस चलाने की स्वतंत्रता चाहते हैं। मैं इस बात से इंकार नहीं करता हूँ कि हमारे देश में समस्याएँ हैं। मैं यह दावा भी नहीं करता हूँ कि इसका इतिहास निष्कलंक है, लेकिन मैं अपने देश से अपने निस्संकोच प्रेम के लिए ज़रा भी शर्मिंदा नहीं हूँ। मैं ऐसे अमेरिका में पला-बढ़ा हूँ, जिसमें अप्रवासी अपनी नई अमेरिकी नागरिकता पर गर्व करते थे, जहाँ के नागरिकों को झंडे को सलाम करने या हमारे राष्ट्रगान को गाने में ज़रा भी शर्म नहीं आती थी और हम अमेरिकी राष्ट्रपति के पद का सम्मान करते थे, भले ही हम उस व्यक्ति और उसकी सभी नीतियों से सहमत न हों या उसकी

पार्टी का समर्थन न करते हों। अगर हम सचमुच सकारात्मक लोगों का सकारात्मक समाज चाहते हैं, तो हमें अपने दिल में अपने साथी अमेरिकियों, अपने देश और इसके प्रजातांत्रिक सिद्धांतों में प्रेम खोजने की ज़रूरत है। इसके अलावा हमें "कर सकता हूँ" जीवनदर्शन की भी ज़रूरत है, जिसकी बदौलत हमें स्वतंत्रता और आर्थिक लाभ के वे वरदान मिले हैं, जिनका हम आनंद लेते हैं।

प्रेम हमारे चारों तरफ़ है। हमें तो बस इसकी तलाश करने और इसे पोषण देने की ज़रूरत है - हमें समृद्ध वरदान देने वाले ईश्वर के लिए, वैवाहिक जीवन के लिए, परिवारों के लिए, दोस्तों के लिए और हमारे समुदायों के लिए। ऐसा न हो कि हम सिर्फ़ "मैं आपसे प्रेम करता हूँ" कहने के बारे में सोचते रह जाएँ और बाद में पछताएँ कि हम इसे कह नहीं पाए। आइए अपने प्रियजनों को तहेदिल से यह कहने के हर अवसर का लाभ उठाएँ, "मैं आपसे प्रेम करता हूँ।" या शायद जिसकी आप प्रशंसा करते हैं या महत्व देते हैं, उससे "आपसे प्रेम करता हूँ।" कह दें। अगर आप बोल नहीं सकते, तो कम से कम किसी को गले ही लगा लें। और कसकर लगाएँ!

ईसा मसीह ने कहा था कि सबसे बड़ी कमांडमेंट ईश्वर को अपने पूरे दिल से प्रेम करना है और इसके बाद दूसरी कमांडमेंट है अपने पड़ोसियों से ख़ुद की तरह प्रेम करना। आइए हम सभी अपने दिल की भावनाओं का इज़हार करें। "मैं आपसे प्रेम करता हूँ।" कह दें। इस शक्तिशाली वाक्य (और बाक़ी सभी शक्तिशाली वाक्यों) की मदद से हम अपने घर, समाज और संसार को ज़्यादा सकारात्मक जगह बना सकते हैं।